北京——
都市の記憶

这也是北京城啊

[日]春名彻 —— 著
蒋芳婧 —— 译

新星出版社　NEW STAR PRESS

前　言

　　北京既是一座拥有悠久历史的古城，又是一个活力四射的现代都市。这里总会让你有一些令人惊奇的新发现。

　　公园里，老人将鸟笼挂在树枝上，悠然欣赏着婉转的鸟鸣；街道上，青年麻利地用报纸包着刚出锅的油条，一边蹬自行车一边吃；街头，夕阳时分，妇女舞蹈队聚集起来，挥着大红扇子跳着舞；热闹的菜市场里，生鲜果蔬琳琅满目；对我来说，在这些生活的细节里，到处能有新的发现。深秋，一个下着雨的寒冷早晨，中国美术馆里举办着法国巴黎奥赛博物馆印象画派画展，美术馆中驻足观赏的青年那充满了求知欲的热情眼神，洋溢着不同于其他任何城市的、颇具北京特色的活力。

　　这里的生活会随着四季变迁，带给人不同的感受。春天，百花齐放，吐露芬芳；夏天，槐树枝繁叶茂，撑起一片阴凉；秋天，街头弥漫着炒栗子和烤羊肉串的香气；冬天，凛冽的寒风仿佛激起了人们毅然面对寒冷的勇气。

无论是经历数千年沧桑的古城墙，还是绿、蓝、红、黄相间的明清宫殿那闪耀着金色光芒的屋顶，又或是天坛那绿意盎然、碧水辽阔的庭院以及让人能够与上天直接对话的意境，再或是那以灰墙相连的静谧胡同，穿越了漫长的岁月，向我们诉说着历史的点滴。

本书笔者力求站在悠久历史与现代时空相交之处，来解读这座城市。

换个角度来看，本书也可以说是我的个人旅途记录。我探访此地时，你并不在，因此，我才能通过游记，向你讲述我所看到的这座城市的故事。

1978年，我初次到访北京时，曾被马路上的自行车洪流深深震撼；如今马路依旧，但自行车早已换成了汽车。当年，人们身着深蓝色或灰色中山装，里面的衬衫或罩衫的样式在衣领处若隐若现，小心地显露出主人的个性；如今人人穿着全球化的服饰。这城市面貌变化之大，远远超出我的想象，让我颇感困惑。不过，我想，把我亲历的那段时光以及那时的感受与惊奇如实记录下来，应是最好的办法。毕竟，我的亲身经历，是那一刻真实存在过的事实。

目 录

第一章　围在高墙里的城市
　　　　——探秘历史 / 1

第二章　繁华街市漫步
　　　　——城市的欲望 / 25

第三章　天安门广场
　　　　——古代京城的核心，现代百姓的灵魂 / 49

第四章　故宫的秘密
　　　　——权力的视觉化 / 67

第五章　身虽囿核桃，心为无限王
　　　　——从封闭的空间到无限的世界 / 89

第六章　什刹海及其周边
　　　　——古都的余香 / 113

第七章　天坛
　　　　——祭天之所 / 129

第八章	**水与园林**	
	——北海公园与颐和园 / 147	
第九章	**西山脚下**	
	——郊外风景 / 171	
第十章	**万里长城和明十三陵**	
	——大明文化的余晖 / 185	
第十一章	**丰富多彩的博物馆**	
	——物品与记忆 / 207	
第十二章	**曾居住在北京的名人**	
	——城市的灵魂 / 235	

第一章
围在高墙里的城市
——探秘历史

景山上看到的故宫中轴线

寻找最古老的都城

北京一带自古以来便有人类居住。距今50万年前,北京猿人曾在此居住。不过,那时的气候要比现在来得温暖、湿润,自然环境也与今天迥异,可见,今日的北京并非远古时代此地的延展。

自有人类定居之时起,此地便是温带大陆性季风气候,夏天高温且湿润,冬天则寒冷又干燥。与周围华北平原的极度干燥不同,北京一带降雨量较多,每年可达686毫米(1961—1990年的平均值)。这是因为,夏天来自东南的季风在此遇到西北的连绵山脉,形成了降雨。这里气温较为温和,全年平均11.9度,夏天平均26.3度,并不炎热。发源自蒙古高原的桑干河流到平原,形成永定河,为北京及周边带来了珍贵的水源。河流上游带来的黄土在此堆积,形成了适合农耕的肥沃土壤。在山地与平原的交会处,形成了热闹的交通枢纽,促进了人类聚居。据考古发掘,这里曾经孕育过殷商时期的青铜器文化。

如上文所述,北京从远古时代起便有人类居住,但直到

3000年前才第一次出现在人类的文字记录中。公元前1050年左右，周武王伐纣统一天下之后，将疆土分封给王族的后裔以及有功之臣，以此治国（《史记·周本纪》）。当时，尧的后裔获封蓟国。据说，蓟位于今天北京市辖区内，因蓟花繁盛而得名。蓟国早已从历史长河中消失，其真实面貌已无从得知，但其国名却流传了下来。

与蓟国建立于同一时期的燕国的统治，在此地延续了近800年。燕国是周武王封给同族召公姬奭的封地。由于召公需要辅佐年幼的周成王，不能离开周都，因此派长子前往治理。位于北京西南的董家村琉璃河遗址（今房山区琉璃河镇董家林村），就是燕国初期都城的遗迹。

琉璃河遗迹保留了城邑的初始形态，令人印象深刻。从北京出发，在与京石高速公路几乎平行的107国道往南行驶约50千米便可抵达该遗址，路的两旁是连绵不绝的白杨树，周围有大片农田。沿途不时可见工厂与高楼大厦，让人感受到城市化的气息，但也不乏牧羊人赶着羊群，播种机慢悠悠地驶过公路等田园风景。路左边可见通往"西周燕都博物馆"的指示，沿着指示前行，道路微微转弯并略有下坡。我初次访问这个博物馆时，正值秋天，玉米被大量收割，柏油路上晒着许多已脱粒的玉米。

图 1-1 燕堇鼎与其铭文拓片。铭文为：匽侯令堇饴太保于宗周庚申太保赏堇见用太子癸宝尊彝。（首都博物馆藏）

馆前面有一个用墙围起来的广场，气派的博物馆就在广场后面。这附近曾经是燕国都城。1973年之后，附近的黄土坡村发掘出300多座燕国墓群，出土文物就陈列在这座博物馆中。这里游客不多，藏品十分精致：青铜鼎、青铜爵等礼器，剑、戈等兵器，殉葬品金耳饰，复原漆器等，无不闪耀着燕国早期的文化之光。大型马车、墓葬等均以出土时的模样展示。

最引人入胜的藏品是青铜器"堇鼎"（253号墓出土）。[1]

---

[1] 现藏于首都博物馆。

图1-2 燕都城墙。右边的白墙是西周燕都博物馆

它虽然不大,高约62厘米,直径47厘米,但相较于图案复杂、富有巫术色彩的殷商青铜器,风格简洁,更能承载时代的变迁。

鼎的内侧刻有四行二十六字铭文,意为:堇奉匽(燕)侯之命前往周都太保处,以食物献贡,受到太保赏赐。打造此鼎以兹纪念。

周太保即辅佐周成王的召公。鼎上铭文记载了燕侯派臣子堇前往位于今陕西省北部的周都,拜见了召公。史书记载,召公将儿子派往燕国,自己则留在都城。该鼎文是证实史书内容的重要证据。也就是说,这些铭文间接地证明,鼎出土的这块土地便是燕都遗址。

出馆后，我把手头一本书上的照片拿给司机看，请他帮忙寻找照片中的城墙遗址，不一会儿，司机就找到了，并兴奋地招呼我过去。只见在博物馆前面广场的一角，几个农民正专注地剥着玉米。在他们身后，有一片玉米田埂状的隆起之处，那就是燕都城墙崩塌后留下的遗址。燕都城墙是以版筑法修建的，工匠将敲碎的土填入板中逐层夯实。城墙遗址顺着乡间道路时隐时现，用来标明遗址界限的混凝土标石笔直地穿过玉米地边的小道，穿过修剪整齐的树林，以及略微隆起的草地，排成一列。

杂树林的对面传来了响亮的汽笛声，随后火车行驶的呼啸声由远及近。在火车行驶的京石线的对面，便是发掘出燕国古墓的黄土坡村。我所在的都城遗址，位于微微隆起的台地边缘。《水经注》里所说的经水（如今的大石河），便经由此地南端向东流去。当年，这条河想必对都城的防御以及饮水都发挥了巨大作用。

在中国，"城"与"都市"是同义词。自人类开始聚居时起，人们便开始修筑土墙，就像是要与广袤的大自然划一道界线一般。广阔而肥沃的土地孕育了农业，在土地上积累的财富又促进了人类的定居，随后诞生了权力，之后修筑了城墙。明清时期北京城规模宏大的青灰色城墙，也是同样，可谓燕国小城的延续。在这座东西宽830米、南北长600米的小城里，权力、财富、城民的存在如此真切，仿佛触手可及。如今，城市的规模不断扩大，大到仿佛没有边际。而人类史上最早的城墙，以尘土建造，如今几乎尽数回归于尘土。这种反差令人印象深刻。

博物馆前的广场上，农民们忙着收割玉米，对我这个四处拍照的日本人毫无兴趣。不过，当我跟他们打招呼时，他们那被阳光晒得黝黑的脸上满是笑容，露出洁白的牙齿，在阳光下闪闪发光。

燕都迁移

周王朝逐渐衰落，因受西方异族侵扰而往东迁都。以迁都为界，前为西周，后为东周。到东周时，周朝初分封的各国开始争夺霸权。由于那部相传为孔子所撰的史书《春秋》，这个时代也被称为春秋时期。周王室灭亡后，各国独立，纵横捭阖，意在一统中华，这一时代史称战国时期。

战国时期，燕国北方与游牧民族山戎交战，东、南、西面有齐、鲁、晋三个大国虎视眈眈。到燕昭王（公元前311—前279）时，广招贤士，国力鼎盛，跻身战国七雄之列。

位于董家林的遗址作为燕国都城延续了十五代。此后燕国迁都临易（今河北省雄县），不久又迁往蓟县（今蓟州区），也就是当初受周王册封的那片蓟国故土。其准确位置不明，人们一直认为，位于今北京市内广安门以西、白云观附近的小山坡"蓟台"就是蓟国遗址。蓟台的小山坡在城市开发过程中已经消失，如今仅剩下立在广安门护城河畔的"蓟城纪念碑"。蓟城当年之所以能够兴盛，得益于供城民饮用的充足水源优势，以及位处古代交通要冲的地理优势。如今，位于北京西站附近的莲花池公园水系，就被认为是当年蓟城的水源（王彬、徐秀珊《北京街巷图志》）。燕国最繁盛之时拥有五个都城，蓟为上都（即首都）。

后来，秦国兴起，逐步成为燕国的一大威胁。燕太子丹欲刺杀秦王以消除威胁。受命刺秦的刺客荆轲与送行之人诀别之时，在易水畔留下了那首著名的诗歌"风萧萧兮易水寒，壮士一去兮不复还"，后来成为家喻户晓的典故（《史记·刺客列传》）。荆轲刺秦以失败告终，燕灭于秦。

位于易水之畔的都城便是燕国五都之中的下都，其遗址位于如今易县东南，留有东西长8000米、南北长4000米的城墙遗址，已发掘出一座有着以铁器为主的丰富陪葬品的古墓。

从汉之幽州到隋唐时期

燕国虽早已灭亡，但燕之名却一直借由北京的别名"燕京"流传至今，蓟城之名也得以流传至今。秦以蓟城为中心，在燕地设广阳郡。汉朝延续了这一划分，到东汉时，这里成为幽州刺史的驻地。这也是北京之所以称为"幽州"或"燕幽"的起源。汉代遗址之中，北京市南郊外曾发掘出王族墓地，现作为大葆台西汉墓博物馆（位于丰台区花乡郭公庄南）对外开放。这是一座规格颇高的气派墓葬，我将在本书的后文之中详述（参见第 11 章）。

魏晋时期，此地成为行政中心，五胡十六国时，继承了"燕"之名的国家在此地几度兴亡。589 年，隋朝统一天下，在此设涿郡，蓟城之名一直沿用到后来的五代时期。隋炀帝三度御驾亲征高句丽，蓟城就是其远征的基地。后来，隋炀帝被不满远征的将士所杀，之后诞生了唐朝。而隋炀帝为运送军事物资修建的大运河，在元代得到整修，发挥了连接中国南北的作用，为后来从经济、政治上统一中国带来了决定性的影响。大运河从南边的杭州城到北京，长达 1800 千米，与万里长城并列为中国古代两大土木工程。位于北京东郊的通州有一座运河公园，供人们缅怀大运河当年的盛况。

在通州与北京之间的通惠河上有一座八里桥（永通桥，

通州区八里桥），因距离通州县城八里而得名，是一座明代雕刻石桥。它位于通往北京的关口要地，第二次鸦片战争中清军与英法联军在此大战，1900年义和团运动时，义和团与八国联军曾在此展开激战。

唐朝继续远征高句丽。唐太宗在蓟城南郊祭天誓师，然而远征以失败告终。贞观十九年（645年），唐太宗为告慰战死将士在天之灵，在蓟城南隅修建了悯忠寺，据说是如今法源寺（西城区法源寺前街7号）的前身。唐幽州城（蓟城）南北长九里，东西宽七里，详细情况不明。近年来，随着一些唐代墓志的出土，蓟城的位置逐步揭晓。学者认为，蓟城以如今法源寺为东南角，扩展到广安门附近，与后来辽代的南京（也就是如今的北京）的大部分范围重合，尤其是其北侧城墙，一直延续到了辽金时期。

当时，蒙古东部西拉木伦河流域的游牧民族契丹族统一了内部，逐渐强大了起来，因此唐朝将此地作为抵御北方异族入侵的基地，设幽州府，蓟城成为其中心。然而，后来出现了如安禄山这样的叛乱者，他们虽然肩负抵抗契丹族入侵的使命，却弃之不顾，反而与契丹勾结，发动叛乱。唐朝灭亡后，历史进入了小国不断更迭的五代时期。契丹接受了中华文化，在耶律阿保机的带领下统一了部族，于916年模仿

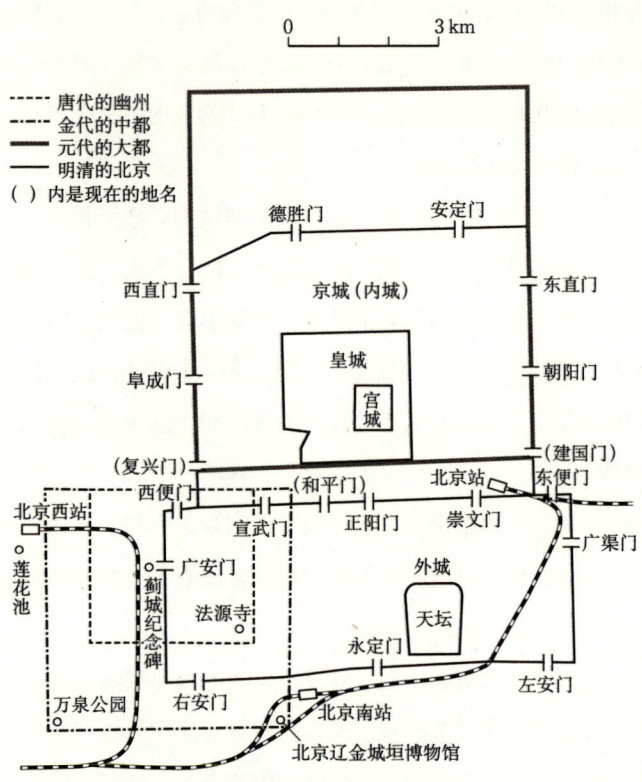

图 1-3 北京都城的变迁

清朝内城只有九个城门。和平门是 1926 年所建。建国门、复兴门于 1939 年日据期间所设，1945 年改为现名。

辽代的南京与唐代的幽州府几乎重合。或许，古代蓟城的地理范围一直延续到了唐代。

汉族改元"神册",定国号为"辽"。936年,军阀石敬瑭与辽勾结,建立后晋,两年之后,他将包括北京周边以及河北省在内的燕云十六州达20万平方千米的土地割让给了辽国。至此,北京交由异族统治。

辽于947年改国号为"大辽",统治了从中亚到中国内

图1-4 北京辽金城垣博物馆

陆的广阔疆土。其都城原来位于今内蒙古自治区的巴林左旗,后来改为上京,并在东、西、南、中部分别定都,合称"五京"。其南部之都"南京"便位于今天北京市的西南部,呈方形,城墙高三丈,厚一丈五尺,周长二十七里。据说,城里挖有三重护城河,设有八个城门,城中四条大路纵横交错,呈"井"字形。它在辽的五京之中最为繁华,是辽代实际上的国都。

辽代建筑保存至今的,只有一座用天宁寺砖所砌的塔(玄武区西便门外)。塔呈八角形,十三层,外形优美,显示着辽代的辉煌。这座砖塔也是北京市区最为古老的建筑。此外,以北京最早的清真寺而闻名的礼拜寺(西城区牛街88号),

图 1-5 辽代石刻（北京辽金城垣博物馆藏）

据说建于公元 996 年，也就是辽代。

  汉族抵御北方异族的军事基地——蓟县（幽州）自此时起性质发生了改变，变成了异族对汉族虎视眈眈之地。而辽国所建立的兼有游牧民族与农耕民族的复合式国家，为后来元、清两朝统治中国提供了范式。

  辽国建立了一个疆土横跨中亚、中国东北以及北方的大帝国，一度十分强大，其国名"契丹"甚至在西欧成为中国的代名词，然而进入 12 世纪后逐步走向没落。后来，女真族建立了金国，与宋联手灭了辽。

  蓟城伴随着朝代更迭，一度成为宋的领土，称"燕山府"，之后又成为金的领土，改名"中都大兴府"。此时，辽代所建城郭得到扩建,修筑了5000米见方的方形都城,并在东北郊外修建了离宫西苑。

如今万福寺公园附近有"金中都城遗址"(丰台区凤凰嘴村乙一号前),但并不对外开放。从照片上看,遗址上仅剩一些堡垒遗迹。从20世纪40年代的北京游览图来看,当时还留有西南角的部分城墙。修建首都医科大学时,还发现了城墙遗址与闸门(北京辽金城垣博物馆,丰台区右安门外玉林小区甲40号),是当年金都的东南角附近一带。博物馆南侧的凉水河便是当年金都的护城河遗迹。

蒙古人奠定了北京的雏形

1215年,蒙古族入侵金国,攻陷大兴府,将其彻底摧毁。之后,元世祖忽必烈建立了元朝并统治中国,于至元四年(1267年)以辽离宫为中心建立了新的都城。这个都城后来由明、清两朝继承,创造出了如今北京城的雏形。

传说忽必烈站在今北海公园里的团城,向东南方向射出一箭,将箭落下的位置定为皇城中心。在此修建了主殿大明殿,从中心往南北画中轴线,定下了宫门的位置。游牧民族蒙古族有放箭决定夜营之地的习惯,这一传说大概是可信的。人们认为,大明殿位于如今故宫的主殿太和殿略北侧,因此,贯穿明清紫禁城南北的中轴线，就是继承自忽必烈定下的中轴线。而中华人民共和国的人民英雄纪念碑以及毛主席纪念堂均位于此轴线上，可以说，北京城至今仍延续着忽必烈当年定下的基轴线。

1272年，此地改名为大都，与位于蒙古国的上都并列成为忽必烈统治中国的两大中心。新都于1293年落成，随着南宋灭亡，此地名副其实地成了中国的政治中心。大都呈长方形，南北略长，周长28.6千米，皇城位于中央偏南。元城墙北侧与西侧至今留有部分遗迹，被称为"元土城"。根据考古发现，城墙根基部厚达约24米，高达16米，顶部厚达约8米，十分壮观。

大都虽是蒙古人所建，但却遵循了《周礼·考工记》的记载：国都九里四方，每边开三门，城门内通有东西南北各九条大道，东面设祭奠先祖之灵的太庙，西面设社稷坛，南面设朝廷，北面设市场。一条南北线贯穿都城、皇城与宫城的正门，以此线为中心，左右对称。大道宽约25米，城内划分为50坊。

图1-6 元土城遗址已经成为公园

尊重儒教传统无疑是统治中国的有效手段。此外，蒙古人是游牧民族，原本没有建都的传统，因此建都时也只能遵循中华传统。

元代在建设人口集中的都城时，为保障饮用水以及航运水路，开发了两处水源。从西北引高粱河水入积水潭，于城南连接通州北京间的通惠河，将其作为船运终点。开通水运后，附近发展成为繁华的商业中心。另一个水源为玉泉山，开凿金水河引入城内，将水蓄在宫内太液池，以备宫内用水。保障供水稳定，这是元代的一大功绩。

对于大都规模之大及其繁荣景象，曾在忽必烈朝中供职的意大利人马可·波罗做过如下细致描绘：

> 大都整体呈正方形，周长二十四英里。……有一土城墙围绕全城。城墙底宽十步，高二十步。城墙底部与顶部厚度不同，愈向上则愈窄，到墙顶，宽不过三步。城垛全是白色的。整个城墙共开设十二座城门，每座门上均耸立着壮丽的箭楼。城墙的四角也有相同箭楼，因此，大都每边有三座城门、五座箭楼。……城中的全部设计都以直线为主，所以各条街道都沿一条直线，直达城墙根。一个人若登上城门，向街上望去，就可以看见对面城墙的城门。

都城内到处建有壮丽的宫殿,雅致的旅馆,气派的宅邸,繁华热闹的大街上,各种各样的店铺鳞次栉比……

人们对马可·波罗描述的真实性有很多争议,但史上对元大都的记录很少,马可·波罗描述中的魔幻色彩,成功地唤起了人们对北京这座城市的丰富想象。就像伊塔洛·卡尔维诺在小说《看不见的城市》中,借马可·波罗之口描绘出许多虚构城市一样,马可·波罗游记激发了人们对于城市的想象热情。

一些留存至今的地名——如西土城路、北土城路、东土城路等——勾勒出了元大都当年的轮廓:南侧到今天的长安路;北面与西面至今仍留有部分护城河;中央部分留下堡垒状土墙,经过绿化后成了"元土城遗址公园"。如今在这里,男女成群结队,打着太极拳,老人拎着鸟笼遛鸟,男子坐在长椅上读报,氛围与其他普通公园并无二致。最近,大都西侧部分城墙使用石块进行了修复,由于修复得过于整齐,让人觉得已不是复原,而是造假。与其如此,还不如保持复原前那破旧的土墙遗址,更有历史的沧桑感。

大约一百年后,明朝灭元,定都金陵(南京),大都改名为北京。徐达将军驱逐元人收回大都后,为巩固防御,将人口较少的北部缩小规模，后退三千米新筑城墙。就在这时，他发现西北角处有条河。由于担心在填埋该河之时遭到元朝反攻，他便没有填埋，而是避开河流斜着修造了城墙。清朝时原样沿用了这一斜角。

北城墙高达四丈（明朝时一丈为 3.11 米），而其他三面均高三丈，由此可以看出，当时的人们多么担忧蒙古从北面入侵。修筑工程于洪武元年（1368 年），也就是明朝建立之年完工。元代城墙仅用土版筑成，而明朝则在土城墙的外侧又砌上了砖墙。

明朝摧毁了几乎所有的元代宫殿。通州运河只能通到南边城墙，北部的商业中心迅速凋零。明朝开国皇帝朱元璋（洪武帝）的第四子——燕王朱棣将大都改成北平。燕王朱棣在自己的长兄之子，也就是侄子即位之时发起政变，夺取了皇位，称永乐帝。他致力于扩建自己的大本营——北平，于永乐十七年（1419 年）向南扩建 0.5 千米，建立了官厅区域；又于永乐十九年迁都于此，改名为"北京"。如此，北京终于在历史上首次成为汉人所建统一国家的首都。

正统元年（1436 年），北京城进行了修复，城墙内侧也加砌了砖块，在城墙四角建起角楼，九门外侧则建起了用于防御的箭楼，将城墙变成了双层结构。护城河上的桥也从木质改为石桥。后来，南城市区逐步繁荣，人口增多，为了保护南部，防止蒙古从此处入侵，明朝又于嘉靖三十二年（1553年）起，耗费十一年时间在城外修筑了外城。原计划在整个内城之外修筑一座"回"字形的外城，但由于预算所限，最后只在南面修建了外城，整体看起来呈"凸"字形。这样一来，原本位于南城郊外的天坛和先农坛就被圈进了外城之中。

清朝继续沿用了高高耸立的灰色城墙，奠定了北京的形象。从远处看，这是一座平原之中用高耸的城墙围起来的城市，充满了不容接近的威严，雄伟壮丽。

明朝驱逐了蒙古人，民族主义高涨，为应对北面威胁而整修长城，重修大运河以便将粮食输送到北京。为满足官僚、军队的需要，政治中心变成了消费城市。于是，北京建起了以江南地区强大的农业生产力为支撑、通过运河将大米及其他物资输送到北方的体系。

种种历史要素综合在一起，使北京这座北方城市成了拥有辽阔领土的中国的首都。继明朝之后，清朝也面临着与蒙古（准格尔部）的战争，北京的政治势力将目光瞄准了内陆。元代继承了自唐朝以来的国际性，清朝时，以广州为中心的华南地区成为对外贸易的中心。元代时，原产东南亚的胡椒首次出现在中国菜里（筱田统《中国食物史》），到清朝时，葡萄牙、英国东印度公司分别在澳门与广州建立了商社。这样,有别于中央的权力动向,以广州为中心的地区与东南各国之间积极开展贸易,构成了中国将海洋彼岸纳入视野的一个侧面。

明末政权因内部农民叛乱而动摇,外部则面临北方新兴势力满族(女真族)的入侵。

李自成率领农民叛军攻占北京,在明朝最后一个皇帝自尽后,驻守长城防御清的明将吴三桂倒戈,打开山海关,引清军入关。明永昌元年四月三十日,农民军退守北京,五月三日,清军先锋部队攻入北京。九月,年幼的清顺治帝进入北京,十月一日,定鼎燕京。也就是说,北京在顺治元年(1644年)成了清朝的首都。

见证了明清交替的日本人

有一个日本人亲眼见证了处于剧变中的北京城。他自日本越前三国漂流而来,先到了如今的沿海州,之后经沈阳,在顺治帝入京前后,几乎与女真族同时入京,在北京度过了顺治元年,在朝鲜首尔迎来第二年的春天,于顺治三年(1646年)回到了日本。当时日本江户幕府刚刚成立不久,他代表漂流民接受幕府的审问,详尽叙述了他在清朝的见闻。如清朝纪律极为严明,北京天安门一带的新年盛况,等等(《鞑靼漂流记》)。

他的叙述似乎给幕府对清朝的积极评价带来了一些影响。

清朝原样继承了明朝的北京城。然而，内城只允许正规军八旗军与其家属居住，汉人哪怕是官吏也不得住在内城，而只能搬到外城。因此，英语中称前者为"Daltan City"，后者为"Chinese City"。

北京城在唐、辽、金、元、明、清等不同朝代的地理范围如图 1-3 所示。四面以城墙围城这一文化传统虽然起源于中原，后来也被异族所继承并维持了下去。

清朝于 1644 年至 1911 年间君临北京城，在辛亥革命中灭亡，中华民国成立后的 1927 年至 1949 年间，首都迁到南京，北京称为北平。1937 年卢沟桥事变之后，北京被日本军事占领，日本战败后又回到国民党政权（中华民国）手中，之后内战爆发，1948 年末解放军包围北京。国民党司令傅作义于 1948 年 1 月签署和平协定，1 月 31 日，人民解放军和平占领北京城。这使得北平在激烈的内战年代免遭战祸，意义非凡。北平成为首都，重新成为北京，是在 1949 年中华人民共和国成立之时。

不管国家的性质如何改变，北京一直是座围在墙里的城市。北京城的内侧是一座有四门的宫殿（紫禁城），它的外围是一座有九条城门的皇城，再往外便是九门京城（即"内城"）。

内城周长约 23 千米,其南面所接外城有七座门,长约 14 千米,围在灰色的城墙之中。

在都城内侧,进入街道之中,又有许多条胡同,胡同里又有许多座围在围墙里的四合院。每座四合院都围在围墙里,内侧有树木,有令人吃惊的宽敞空间。这里也诞生了各种商品汇集的市场。据说,胡同的词源是蒙古语的井。元大都坊内的小道,深深影响着近现代北京城的结构。

20 世纪 60 年代末,北京拆毁了城墙,在地上修建了二环路,在地下修建了地铁二号线。就像以前以旧城为中心围起了层层城墙,北京逐层修建了三环、四环、五环路,勾勒着城市扩张后的轮廓。

内城正阳门,靠近北京站的东南角楼与明城墙公园,靠近西便门的部分城墙(前北京城墙遗址),北侧德胜门箭楼,外城永定门等则得到了保存与复原,让现代的人们得以缅怀老北京旧城的威容。

如今,从位于北京市区东北部的首都国际机场前往市内的路上,由四环路附近起,高楼大厦逐渐增多,市中心的高层建筑群越来越近。在这个过程中,最令我兴奋的是,这一路上穿过的四环、三环、二环路,仿佛是当年层层城墙的化身,至今依然留在这座城市的骨骼之中。

第二章 繁华街市漫步
——城市的欲望

王府井大街入口

王府井北行

繁华街市就像城市的盛装,消费、欲望、憧憬在此汇集。这里是初到一个城市迈出第一步的最佳选择。北京最为繁华的街道是王府井大街。在南北相通的这条大街中段,清末形成的东安市场逐渐繁华,人员聚集,个人经营的商店、饮食店不断增多,新中国成立后又建了百货大楼,酒店众多,逐步成为北京首屈一指的繁华街市。代表老北京的繁华街市是"东单、西四、鼓楼前",从这个意义上来说,王府井是新起之秀。

近年来,王府井重铺了路面,街道外观焕然一新,相当漂亮。但从另一面来说,大型商店、连锁店增多,个性变少,逛充满个性的小店铺的乐趣大不如以往。即便如此,每到黄昏,暮色渐浓,华灯初上时,中外游客、乡下来的皮肤黝黑的老人、抱着胳膊的年轻人等熙熙攘攘,琳琅满目的商店橱窗令人怦然心动。王府井对流行十分敏感,颇像东京的银座,而充满老百姓气息的前门则像是东京的浅草。

王府井大街以北京饭店、购物中心"东方新天地"为起点,往北延伸。新天地北边右侧是王府井书店的大楼。再往

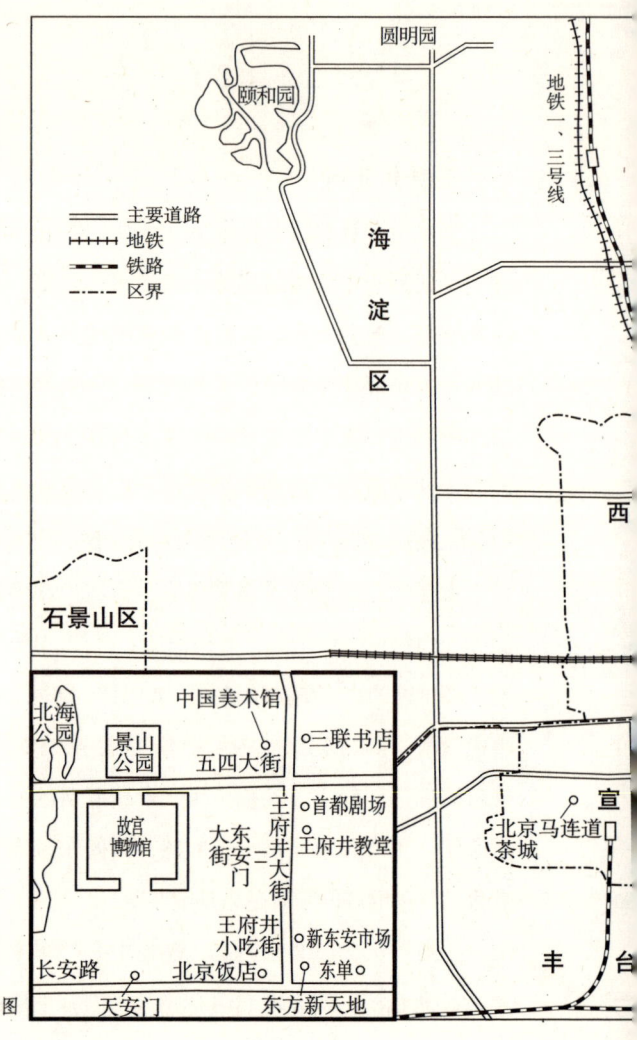

图 2-1 北京市区旧图

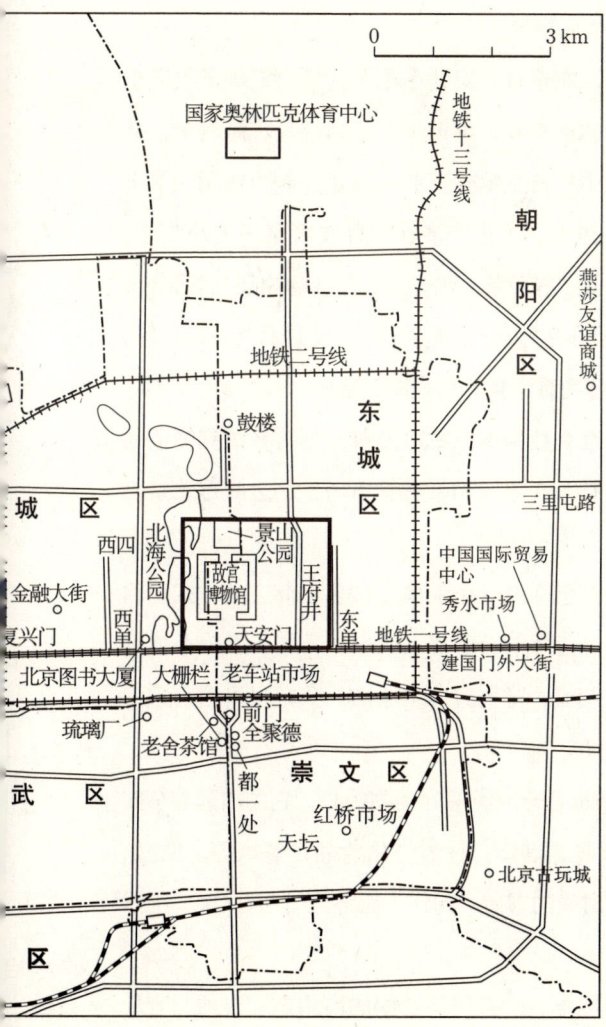

南行,整条街都是步行街。

往前走一段,左首有王府井小吃街,里面汇集了很多小吃摊,应季卖着冰糖葫芦、羊肉串、羊肉切片、烤鱿鱼,甚至还有烤蝎子,小吃摊上吆喝声此起彼伏,颇为热闹。穿过这片小吃摊再往里走,可见许多在室外支着桌子的小吃店。在这里,可以随便点些面条、包子坐下吃。这里还设有舞台,晚上,游客可以坐在室外,一边吃着东西,一边欣赏京剧片段。这里的一角,还陈列着漂亮的景德镇瓷器。

回到步行街继续往南走,右边连着一座有着漂亮屋顶的六层建筑,里面有东安市场和新东安市场,左边就是北京百货大楼。

东安市场如今已变成一个汇聚了许多小商店的中式购物中心。它在改革开放之前,曾经名为东风市场,在一个体育馆式的小圆顶建筑里,排列着许多小店。我记得里面有家旧书店,还卖一些日文书。

新东安市场也是一家类似的购物中心,它的内部与东安市场相连,有衣服、首饰、钟表、化妆品、餐饮等。四楼、五楼有一家装潢时尚的书店,叫作"思考乐",人文类、美术书籍十分齐全。

新东安市场地下有一条仿照清朝的商店街而建的"老北

图 2-2 王府井小吃街上的烤串店

京一条街",里面有衣服、帽子、布鞋店,有小吃店,还有捏糖人表演,适合逛街,也适合挑选小礼品。北京传统工艺品有景泰蓝,这种传统工艺是在铜胎上施五彩珐琅,掐丝装饰蔓草花纹等,一般在坛坛罐罐、筷子、手镯、圆珠笔等的釉上烧制。

在新东安市场的南侧,有个东西相交的路口,东边是金鱼胡同,西边是东安门大街。这段街道在王府井最为繁华。在新东安市场拐角,立着许多仿古铜像,有人力车夫、理发师、夹着胡琴的街头艺人,带着孩子的几口之家、青年男女常常做出有趣的表情跟铜像合影。对面的西角,保存着王府井之所以得名的那口井,1999 年配上了记录名字由来的铜井

图 2-3 某个市场的水果卖场

盖。这条街原本名为王府大街，由于这口井的水甘甜可口，清末时，人们将此改名为王府井大街。据说，这口井曾一度被埋没，不知所踪，1998 年重新整修道路时才又被人发现，其位置与《乾隆京都全图》（1775 年）中的记载相符。

左边的东安门大街上，晚上摆出露天饮食摊的夜市十分受人欢迎。在这里逛一逛，吃点面条、包子、烤串、水果，颇为有趣。卖同样东西的两家摊位，有的满客，有的门可罗雀，大概是味道差距悬殊所致吧。

王府井有很多著名的餐厅，其中多数是冲着繁华街道而开的分店。不过，其中以秘制酱汁闻名的"东来顺"涮羊肉，发源地就在此处，总店就位于东安市场大楼里。

步行街在新东安市场拐角处结束。下一个街区，左边是

图2-4 记录王府井由来的铜制井盖

运动用品百货店"天元利生体育商厦",周围有不少卖牛仔裤、运动服等面向年轻人的商店。北边路东是王府井教堂,一家天主教教堂。这是一座灰色的石造大型建筑,前院宽阔得像一个公园。其中刻有花纹的哥特式石柱十分气派。正面耶稣像的两边写着:苦者之安慰,病者之仰望。

接下来就到了灯市口,这一带有着许多高大的槐树,给人一种安宁的感觉。街的右边是商务印书馆,临街静静伫立着中华书局与商务印书馆的零售书店涵芬阁。

再往前走,路的右边是首都剧场,左边是王府井酒店,再往前,就可以看到在五四大街与东四西大街之间穿行的车流,王府井大街到此结束。中国美术馆在十字路口西北角,马路的名字也变成了"美术馆东街"。顺便提一句,前方右边

图2-5 王府井天主堂

是生活·读书·新知三联书店，人文类书籍十分齐全。附近有许多面向年轻人的时尚服饰店。

王府井还是一条充满欧式时尚的街道。南口西角的北京饭店是一家20世纪初由法国人所建的高档饭店，后来重新装修后，前厅变得焕然一新。这里的拱顶商店街聚集了诸多高品质的衣服、美术品商店，可供游客挑选高品质伴手礼。

麦当劳在中国的第一家店就位于北京饭店对面，王府井大街南口的东角。当年，这家麦当劳对于社会主义中国来说，是当时平民能品尝到西式味道的少数餐厅之一，其定价也高于标准价，在这里吃一顿汉堡，对于当时的北京市民来说是一件隆重的大事。从这个意义上说，这家店还起到了带来文化冲击的作用。

最近，整个街区一角被重新开发，建起了综合商业体"东方广场"。四个建筑群分成东区、中央区、西区，形成了集写字楼、高档公寓、北京东方君悦大酒店于一体的集合体，成了北京的新地标。连接楼宇之间的空间采用钢铁、玻璃建造，设计成了后现代风格的地上两层、地下两层的购物街，此即"东方新天地"。虽然建筑楼本身并不能激发消费欲，但这个拱顶购物街里集结了许多世界各地的奢侈品商店，撩拨着人们的消费欲望。

然而，"东方"之名有名无实，这里没有任何与亚洲或中国有关的特色事物，销售的商品与世界其他地方别无二致。讽刺地说，或许世界标准就是全新"东方"的骄傲。不管是否喜欢，这里都是改革开放后人们欲望的象征。尽管来这里逛街的人很多，其中尤以年轻人居多，但似乎更多人是以逛为乐，而不是购物。

前门的热闹

与王府井大街形成对比的，是充满了市井气息的、天安门广场南面的前门前到大栅栏一带。前门是正阳门的俗称，它是天安门的另一个外侧，老北京内城南侧的正面大门。20世纪70年代，北京拆毁城墙之后，前门仅剩下了大门。它有三层楼阁，入口正面有一个拱形门。楼门外侧为大型堡垒的双重结构。外郭的堡垒被称为瓮城，以曲壁与城门相连。

图2-6 正阳门（前门）箭楼。从门洞看去可以看到正阳门的门洞

瓮城有三面有枪眼的箭楼。正阳门的箭楼为二层单檐歇山顶。南面下层排列着三层七列枪眼，东西三层枪眼，上层为一层，排列得整整齐齐。

如今在楼门与瓮城之间通有一条马路（前门东大街/西大街），会给人一种两座门重叠的错觉。其实，涂成红色的门楼才是前门，灰色墙上有许多窗口（枪眼）的则是箭楼。楼门可以买票参观。

前门有一个很大的公交始发站，还有地铁站，人流络绎不绝。南侧面向门的右方（东侧）有个带有钟表台的古代欧式建筑。这里过去是京奉线北京的火车站，如今成了有许多商店的老车站商场。过去有铁路从这里通往内城墙的外侧，连着奉天（沈阳）。如今的北京站位于东边的崇文门东，铁路沿旧外城的南部绕行。

前门大街南侧曾是肯德基一号店，现在已被港资快餐店取代。往左（西）走，有"老舍茶馆"（今西城区前门西大街三号楼），这是一家因老舍戏剧得名的观光设施。模仿传统的社交场茶馆，可以一边饮茶，一边欣赏乐器演奏或曲艺表演。

从前门往南，在前门大街的入口处有一座很大的牌楼。东侧是赫赫有名的北京烤鸭店"全聚德"前门店。

图2-7 老车站商场。上面还留有"京奉铁路正阳门乘车站"的文字

北京的代表性美食北京烤鸭，正式吃法是将强行填鸭养肥的鸭子放在枣木上吊起来烘烤，烤到鸭皮酥脆后，切下鸭皮，与葱丝、酱一起，夹在小麦粉做的饼皮里食用，适合搭配度数高的蒸馏酒，也就是烧酒。我认为，鸭皮烤制虽然关键，但饼皮和酱的味道更能左右味觉。总店位于崇文门的便宜坊也是一家老牌烤鸭店，这家的烤鸭制作方法与全聚德不同，据说是先蒸后烤。很多中国人更喜欢便宜坊的烤鸭味道。

从前门往下走，有一家以海鲜见长的上海菜馆——老正兴饭庄，还设有快餐部。再往南走，有家"都一处"烧卖店。都一处深受百姓欢迎，门口常常排着长队。在这家店，避开就餐高峰点是占座的诀窍。不过，在就餐高峰时，与其他人拼桌也别有一番乐趣。这家店还卖莲子粥、玉米粥。我有一次与一对优雅的老年夫妇拼桌，一起分食莲子粥、三鲜烧卖的经历十分愉快。那次我才知道，原来粥和烧卖是可以一起点的。

一旦就座，主动权就在食客这边了。无论食客是慢慢吃，吃完后就地写封信，还是吃完之后慢慢谈情说爱，在后面等座的人们都不会有半句怨言。这便是中国了不起的地方，或许是出于中国人有慢慢享用美食的优良传统吧。这家店尽管名气很大，但价格却惊人的便宜。蒸笼里端上来的烧卖，与其说是烧卖，不如说是蒸包子。将面粉发酵包馅做的是包子，在小麦粉里浇热水，使面皮不发酵包出来的就是烧卖。

这家店已有近300年的历史。据传说，有一天晚上，乾隆皇帝微服私访要回宫时，突然肚子饿了。即便回到紫禁城，估计御膳房早已停火，于是他环顾一周，找寻有没有饭店。这时发现有一家还亮着灯火。乾隆进店点菜后，发现烧卖十分好吃。吃饱后他向店主打听店名，店主说小店微不足道，不足以起名。

几天后，一队人敲锣打鼓来到店前。率队的官人恭敬地将乾隆御笔"都一处"递给店主。这是"北京第一"的意思，用作店名吧。店主这才知道，原来那晚的客人就是皇上。烧卖店入口处的铜像讲述的就是这个典故。乾隆御笔一直流传到近年，在"文革"中被红卫兵烧毁。现在牌匾上的店名是郭沫若所题。该店在丰台区蒲芳路1-6方庄芳城园美食街15号楼开有分店。

顺着前门继续往下走，有家开封灌汤小笼包店，可以吃到蒸笼里的美味小笼包。到季节还有羊肉串卖，这也是家可以轻松进餐的人气饮食店，在东城区东单北大街276号，另外在天坛西门还开了一家分店。

回到前门外大街的都一处正门，马路对面就是大栅栏的入口。清朝曾在此设有栅栏，每到夜间关闭，因此得名。这里有一个模仿大栅栏的拱形。这是一条古老的商店街，于17世纪创始的药店同仁堂、长春堂，茶叶店张一元等老字号均在此开店，店铺是仿清朝传统建筑风格。腌菜老字号六必居、丝绸老字号瑞蚨祥绸布店等也不可或缺。这一带在义和团运动中曾因八国联军攻打而遭火灾，之后重建的瑞蚨祥绸布店换成了混凝土造的中式入口，独具一格。前门还有一家北京丝绸商店，集合了19世纪中期西欧建筑的风雅。

不管是刚才提到的那座依然留有"京奉铁路正阳门乘车站"字样、带钟楼的建筑"老车站商场",还是这些仿西洋建筑,仔细观察前门的建筑后你会发现,这些西洋建筑反映了20世纪初期北京的另外一面。

与前门大街的西侧平行,南北有宝珠市街、粮食店街等小道,可以从大栅栏入口处进入。这里有许多卖衣服、鞋、日用品的商店以及小吃店,十分热闹。但在2007年,前门一带由于迎奥运开始整修,许多商店停业。不知整修后的街道会是什么样,希望不要整修得过于规整,反而失去了街道本身的魅力。

饮食的各种乐趣

北京是一座大型消费城市,汇集了各地有名的餐厅,关于美食,各种导游书上已有介绍,在此不做详细解说。不过,北京本是北方,属于面食文化圈,馒头、面条,肉馅、蔬菜馅的包子尤其好吃。最为寻常的平民早点——油条又便宜又好吃。将揉好的面团擀成细长条,用油炸到表面酥脆,但内部非常柔软。油条在一些临街小店有卖,有时还会露天摆出一口大锅,当场炸制售卖。接过来报纸包住的油条,边吃边喝豆浆,是这里的习惯。有的年轻男子,还会边骑自行车,边单手吃油条。真是一种便捷的早餐。

烤牛羊肉多,这也是受到北方畜牧文化的影响。此外,冬天缺少蔬菜,多使用腌白菜代替。几年前,甚至还有单位特意放假,让员工回家腌制白菜。又酸又辣的酸辣汤原本是川菜,但特别适合在北京寒冷的时节喝。

总的来说,北京是个美食之城。由于是首都,对游客来说,无论饮食还是购物,都非常方便。因此,我劝大家,一定要尝试去街边小店吃个饭。在这样的小店里,服务员多是刚完成义务教育从地方来京的年轻小姑娘,会热心地帮助游客点菜。此外,北京最令我印象深刻的,就是慢慢进餐这个习惯。

最近多了不少"茶艺馆"。这些店装潢具有古典味道,干净明亮,穿着旗袍的年轻女性会为客人精心泡好茶。在这里不仅可以慢慢地品味各种中国茶,服务员以热水温茶碗,从容地欣赏玻璃壶里茶叶慢慢舒展的过程,这种时光从容流逝的感觉,无与伦比。北京与其他大城市一样,节奏越来越快,但在茶艺馆里,人们还能感受到以前在这座城市里流淌的从容慢时光,或者说,商家精心为游客再现的从容慢时光。

前往琉璃厂

琉璃厂位于前门大街往西 1000 米,地铁二号线和平门站南边。琉璃厂街呈东西向，距离不长，但聚集了许多古董店、文具店、书店。地名据说来源于此处曾有家烧制紫禁城使用的琉璃瓦的工坊。这条胡同东西向延伸，民国早期被从和平门出发贯穿南北的大路分割为两段。如今路的两侧以天桥连接。这里有许多家仿清的店铺，装潢

图2-8 削萝卜皮（1978年）

上非红即绿，镶着金边，充满了伪造的华贵气息，以前的店铺风格朴素，氛围与东京神保町的古书店街相似。

我第一次访问中国是在1978年，到达酒店后，先换好钱，然后就被带去了琉璃厂。一棵大槐树下，一个带着中山帽的大爷拉着一辆两轮拖车，在卖着东西。我过去问卖的是什么，他回答我"萝卜"。我按自己贫乏的汉语水平将之理解为日本也有的白萝卜。我按斤买了一些，让大爷削好皮后，分给同行人当水果吃了，味道十分甘甜。后来才知道，原来那是一

图 2-9 琉璃厂的大槐树

种红心萝卜,叫作"心里美"。那时,我对北京产生了一种亲近感,自那以后多次前往。那棵大槐树如今依然枝繁叶茂,夏天为人们提供树荫。

然而,琉璃厂不断装修,现在已经沦为供游客购买廉价伴手礼的观光景点了。当然,期待在这里买到便宜宝贝的游客也难辞其咎。不过,在销售廉价刻章材料为游客现场刻章的商店,本来就不可能买到高品质的东西,工匠也无法精心做出好东西来。

事实上,琉璃厂很适合作未被开发的胡同游的起点。穿过短短的路到达东侧,商店街走到头,路变狭窄,早晚架起

图 2-10 胡同小景

大锅炸油条的、充满了生活气息的胡同从此处开始。往左转弯,没有了商业味十足的商店,多条安静的灰色墙壁往东延伸。挑选喜爱的一条随便漫步,你会真切感受到古老街道的气息。无论你选择哪条,最后都会来前门大街附近,不必担心迷路。其实从前门大街穿过胡同前往琉璃厂的路线更有趣味,但如果不熟悉路线的话可能会有些困难。

东侧的东单,西侧的西单

北京的繁华街里,东单和西单也颇有名气,但与王府井平行的东单由于东方新天地的出现,多少有些衰败迹象。不过,东单地区正在修建几座像是购物中心的大型建筑,或许还会恢复繁华。

西单以天安门为中心与东单形成对称，南北狭长，其北端与阜成门内大街交会一带被称为"西四"。过去这里曾有四座牌楼，因此称为"西四牌楼"，简称"西四"。这里有许多商店，休息日的人流量堪称北京第一，可以说是一个以本地人为中心的繁华街区。西单与南边西长安街的拐角处有一个大空间，叫文化广场，再往东有个综合书城"北京图书大厦"，给人一种干净整洁的印象。与此同时，路口又增加了一个大的购物中心，是整洁亮丽了，却也丧失了些城市杂乱的魅力。不过，往文化广场北侧走几步，往东有一个名为"民族大世界"的市场，就在文庙的后面，里面有一些销售衣服、日用品的小店，十分热闹。

除东单和西单之外，天坛附近有个红桥市场（东城区天坛公园东斜对面），聚集了1000多家私人商铺。这里汇集了日用品、衣服、淡水珍珠等各种商品，好不热闹。建国门外大街有个秀水市场（朝阳区秀水东街），销售衣服、日用品等，氛围与东京的阿美横町颇为相似。假冒名牌手表物品等云集这一点，颇有些大城市里隐匿的不法气息，别有一番风味，但最近政府越来越重视保护知识产权，为使此处正规化，正致力于招揽前门的有名商号在此开店。可以说，为城市调味的不法味道或许会因此消失。

最近，与这些传统的繁华街道齐名的，还有位于长安街延长线上的东边中国国际贸易中心（与东三环路的交口，地铁一号线国贸站）周边，以及与写字楼并列的"金融大街"（复兴门内，地铁一号线复兴门站），它们都成了新的城市功能中心，以它们为中心，周围不断涌现出新的时尚商店街。

旧城区的东北方向朝阳门外的三里屯路极具代表性，往北有开放式露台的咖啡店和餐厅，往南有许多时装店。这里是驻北京的外国人以及年轻中国人聚集的人气地点。这里有不少专门销售进口商品的商店，比如燕莎友谊商城（朝阳区亮马桥路52号）、国贸商城（朝阳区建国门外大街1号）等。

专门销售特定商品的商城也在增多。比如专门销售茶叶的北京马连道茶城（西城区马连道），专门销售古董的北京古玩城（朝阳区东三环路21号）。

砍价的文化与明码标价的文化

就我而言，比起这些大名鼎鼎的繁华商业中心，我更愿意去卖蔬菜、肉的鲜菜市场逛逛，买些水果、烧饼之类的，但北京现在不断整顿市场，即便我在此列出一些市场的名字，恐怕它们也很难维持现有氛围了。不过，如果有机会，我还是建议去看看。了解普通人日常吃些什么，才能更加亲近这个城市。哪怕只是去近来越发变得普遍的便利店、超市看看，也能有所收获。

忘了说了，日本人习惯按标价购买商品。与之相反，北京奉行的是砍价的文化。我认为这只是个单纯的文化差异问题。比起算计得失，不如把砍价当作一场游戏。

第三章 天安门广场
——古代京城的核心,现代百姓的灵魂

天安门广场放风筝(1998年)

国旗升起

天安门广场是传统中国与现代中国交会的地方。

对于到访北京的游客来说，天安门广场是必去的景点。站在这个广场上，可以深切地感受到，中国人感知空间的标准比日本人要宏大得多。广场上，做游客生意的商贩在放风筝，也有摄影商贩邀请游客拍摄。在广场西南方位，可以看见原法国大陆银行的古旧圆顶。这里还有着大城市稀有的广袤天空。是的，我们来到了一个拥有辽阔国土和众多人口的国家。

身处广阔的天安门广场，还会有种不知所措的感觉。东西宽 500 米，南北长 880 米，面积为 44 万平方米，可同时容纳 100 万人，这是全世界规模最大的广场，但它并不是市场，也不是人们日常聚集的场所。这个人工建造的地面铺着石头的广场，不过是个广阔的长方形空间而已。

它实际上是一条巨大的通道，向北能通往故宫、景山，向南可达前门方向，并连接繁华闹市，但石铺地板的这片空间过于宽阔，似乎在诉说着什么。反过来说，人类的不在场，反而构成了天安门广场的意义。这个国家的主体——人民，并不是经常能够看得见的具象（当然，每天都可以看到很多人，但日常见到的这些人并不是以"人民"的形态存在的）。天安门广场的空间因此而具有了意义。这个暗喻，就是每天早晚举行的升旗降旗仪式。

广场的早晨始于升旗仪式，以降旗仪式宣告一天的结束。升降国旗的时间由当天的日出日落时间决定。升旗仪式前，36名人民解放军组成一队，从天安门走出来，穿过长安街，整齐地来到升旗台前。国旗护卫队驻扎在端门内，升旗队伍是从那里出发而来。队伍编制为96人，据说象征着国土面积960万平方千米。

旗手取出五星红旗（红旗突然出现在观众眼前。旗手究竟是从哪里取出红旗，又会收到哪里，我先不透露，这一探索的乐趣留给您亲自发现），奏国歌，恭恭敬敬地升起国旗。国旗由电脑控制，花费2分7秒的时间，慢慢升到高38米的旗杆顶。这之后，卫兵将一整天保持严肃表情，岿然不动地守卫国旗。这是一场庄严肃穆的仪式，外国人看或许体会不到这种感情。早晚的升旗仪式以及换岗时，卫兵大幅度摆动手臂，踢腿，迈着正步行进。

当我把看升降旗仪式的事说给北京的朋友听时，朋友一脸不可思议的表情。大概这个仪式只对外地游客，也就是"他者"才具有意义吧。每天都有几万人前往观看。形式主义至上的国旗升降是一项令人印象深刻的仪式，它赋予了广阔的天安门广场一个特殊意义，让人们在日常生活中存在感稀薄的国家概念得以加强。

图 3-1 天安门广场上国旗飘扬

天安门广场是一片政治感很强的广阔空间。清朝时，天安门前从南往北，有正阳门（前门）、大清门（后来的中华门）相连，左右排列着各个衙门，当时这里不是广场，而是一条南北走向的大马路，在1900年义和团运动时被毁，马路进一步拓宽，形成了如今广场的原型（图3-2）。

辛亥革命后，中华民国政府也曾一度使用过故宫的建筑，在南海内的岛上设总统府，这个广场就成了民众向政府请愿时聚集的场所。成为近现代中国历史转折点的民众游行多数都在这里进行。例如，1919年5月4日，民众抗议无视中国

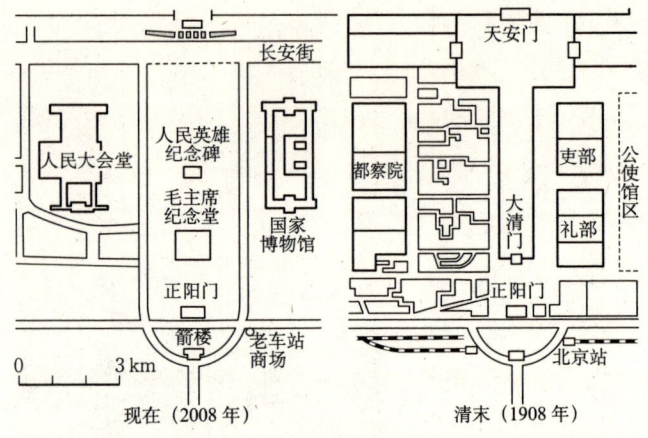

图 3-2 天安门广场的形成

权益的《凡尔赛条约》的大游行；1926年3月18日进行的抗日爱国游行；1935年12月9日拉开了抗日战争序幕的抗日爱国游行。

结合这种传统来考虑，1949年10月1日，毛泽东选择在天安门城楼上庄严地宣告"今天，中华人民共和国成立了"，真可谓理所当然。以往代表着皇帝权威的天安门，现在成为人民共和国的象征，放入了国徽之中。

领导人有站立的场所，人民也需要一个广场。为迎接中华人民共和国成立十周年，1958—1959年，天安门广场进行了拓宽和翻修，形成了现在的样貌。然而，人民的广场与领导人站在城门之间的和谐关系遭到了破坏。1976年清明节，以悼念周恩来总理为契机，发生了抗议"四人帮"的行动，以及中华人民共和国成立后的几次阅兵和纪念集会都在这里举行。历史上面向权力进行抗议活动的传统，在人民共和国也得到了继承与延续。

登上天安门

天安门城楼虽然是一座代表明清宫殿的传统建筑，但朱红色的城墙中央悬挂着毛泽东像，左右分别是红底白字的口号"中华人民共和国万岁""世界人民大团结万岁"，还挂着国徽，这些都是现代中国的一个象征。过去这里是要人举办仪式时检阅普通人民的场所，从1988年起面向社会公开。现在想来，这预示着城楼上的领导人与仰视的人民这种关系的转变。

穿过红色城墙中的大门，左（西）侧有售票处。这里戒备森严，贴着气氛紧张的标语：禁止携带印刷品，禁止携带相机，严禁拍摄。经过像机场一般严格的安检后，终于可以登上室外的楼梯。

中国经常发生给人感觉矛盾的情况，在可以参观的城楼上，很多中国游客大摇大摆地拿着相机，若无其事地拍着照片。

图 3-3 天安门和站岗的卫兵

墨镜平头黑衣服的便衣警察面无表情地背对广场,注意着民众的举动,对眼前的拍照行为却熟视无睹。大概他们不是对付游客的。

在这里可以获得"登楼纪念证明"。只要游客在纸上填写名字,支付相应费用,工作人员就会当场输入电脑,打印出一份在天安门照片上印上日期、时间以及"兹证明某某登上城楼"字样,塑封后交给游客。这里还有销售纪念品的专柜。过去,每当举办重大仪式时,国家领导人都会排队站在这里检阅游行队伍,外国记者则热衷于根据城楼上领导人的站位推测他们的排序。现在的轻松氛围与那个时代大不一样,令人感到恍若隔世。

比起从下面往上仰望，行人从城楼上往下眺望，能够更加真切地区分每个区域的不同。眼前长安街的车流前方，天安门广场那广阔的空间沐浴在阳光中，往远处伸展着。

广场北部，有一座人民英雄纪念碑。1949年9月30日，新中国成立前一日，中国人民政治协商会议决议通过建立纪念碑。汉白玉石的栏杆围起的双层台上，耸

图 3-4 人民英雄纪念碑。由于限制措施，人们成群参观的景象已成为过去

立着高 37.94 米的巨大纪念碑。正面是金色的毛泽东亲笔题字"人民英雄永垂不朽"，背面是周恩来题写的碑文。由于广场十分宽阔，不靠近很难察觉纪念碑之高耸。纪念碑底座嵌有 10 幅高 2 米的浮雕画，全长超过 40 米。浮雕图案描绘了中国近代史上的重要事件，从 1839 年林则徐虎门销烟开始，以 1949 年解放军渡江结束。

毛主席纪念堂

领导人站在城楼上，人民聚集在广场上，这种政治形势已然成为历史。隔着广场，与天安门遥遥相望的，是朝北而建的毛主席纪念堂，只有这里还保存着共和国奠基者与人民的另一种连接形式。

2004年秋，时隔25年，我再次参观了毛主席纪念堂。那天参观人数非常之多。据说自1977年纪念堂开放以来，年均参观人数超过540万人次。我们跟在熙熙攘攘的、头戴红红绿绿旅行帽的中国国内旅游团后面，排到了队伍末尾。早上8点15分开始，排了大概30分钟，参观时间很短，因此队伍行进得非常流畅。四周虽然站着不少目光锐利的警备人员，但戒备没有预想的严格，女性的大号手提包也只是拿金属探测器扫描一下就通过了。广播循环播放着毛主席语录，但很少有游客留神倾听。不过，随着队伍行进，慢慢地，排队的人们开始安静下来，空气中开始弥漫紧张感。

在纪念堂外绕了半圈，正面入口终于进入眼帘，队伍旁边有卖花的小卖铺，两元一枝，相当于乘坐一次北京公交车的费用。涂成白色的小卖铺上写着"供一束花 表一片情"。中国人总能做到对仗工整，每每令我心生敬佩。表面写着卖花，其实恐怕是借花供奉，店家定时去回收，再放在店里销售，

图 3-5 毛主席纪念堂。后面是正阳门和箭楼（照片右侧）

如此循环。超过半数的人手里拿着花，登上了正面入口处的楼梯。排队的两边，有简易的宣传册卖，一元一份。

过了入口，正面的北大堂里有一尊巨大的白色毛泽东坐像，以杭州产大理石制成。雕像背后，是一幅长24米、高7米的大型中国山河图壁画。雕像前面设有献花台。人们小跑着离开队伍，将花放到献花台上，再急忙归队。在我印象中，中国人总是不慌不忙、悠悠哉哉，这种弯着腰小跑的慌张模样，我还是第一次看到。

只有一位老年女性双手捧着花作揖，行了传统之礼，其他人都是慌慌张张，走个献花的过场又匆匆回到排队的队伍里。献花台边一位女性工作人员面无表情地收拾着花束，这更让人感到,献花不过是个迎合流行的形式而已。

队伍分成了左右两列,终于迎来瞻仰毛泽东遗体的时刻了。我1978年第一次参观时是从右侧参观的,因此这次选择了左侧。遗体头朝南躺着,我这次的瞻仰顺序是先脚再头。不同于上次的是,这次在水晶棺和瞻仰游客之间多了一道透明塑料隔板,因此游客与遗体的距离变远了。摆放遗体的房间灯光故意调暗,从明亮的前厅刚进来的瞬间,我只看见了红色的面孔,一时间我陷入错觉,仿佛看到了一尊有照明的塑料人像。我前面的中年男子深深低下了头,紧接着年轻的警卫就厉声道"别停,往前走"。

我意识到,刚才的错觉是由于遗体脸部化了偏红色的妆加上灯光照射所致。遗体头部朝南,枕边位置,穿着有绶带的军服、腰间别着手枪的四名卫兵笔直地站立守卫着,背后的墙壁上写着三行字:"伟大的领袖和导师毛泽东主席永垂不朽",这些与我25年前第一次参观时一样,不过遗体似乎比我上次看到的时候变小了一些。

跟上次参观相比,变化最大的,是参观者的表情。以前,无论男女,参观者们都或流泪,或抽泣。当时,人们能够更近地瞻仰遗体,而遗体当时栩栩如生,一副吊唁的氛围。当时,在我这个日本人看来,主席脸色涂得过红,但有个中国人告诉我，这是按照好人涂红脸、恶人涂白脸的中国传统价值观来涂的，这种反差也是令人流泪的一个因素。

参观时，缓缓地经过遗体旁，一进入南大厅，整个人立刻轻松起来。这之前鸦雀无声的人们一下子变得热闹，成群结队地向纪念品商店走去。

这个房间里挂着一幅金色的毛泽东亲笔题诗《满江红·和郭沫若同志》。毛泽东充满个性的毛笔字刚劲有力，但游客们几乎没有人注意到，纷纷匆匆地奔向出口。

下楼梯后，通往前门的通道两旁，摆着许多小摊。中国旅行公司的员工正挥着小旗，忙碌地组织自己的队员。他们接下来还要去登天安门城楼以及参观故宫。

天安门过去是逢皇帝即位、册封皇后等国家大事时，皇帝下诏书的地方，而不是皇帝在臣民面前现身的地方。将用来隐蔽并保护皇帝的建筑可视化，并使之成为统治的基础，权力便建立在此基础之上。

与此相反，毛泽东从出现在天安门城楼上宣告"中华人民共和国今天成立了"时开始，就注定将永远被人们注视。领袖毛泽东就是中国人民的精神领袖。我想，为此，他必须永远出现在人们的目光中。因此，在他死后，遗体也必须化着厚厚的妆，躺在水晶棺里受到"人民"的注视。某种程度上毛泽东的遗体已经成为人民观光的对象，对这一点，我产生了一种颇为心痛的复杂感慨。

人民大会堂

天安门广场东西两侧分别为国家博物馆（最初为革命博物馆和历史博物馆）和人民大会堂，均为中华人民共和国成立初期的十大建筑之一，体现出简朴而庄严的时代风格，都有多根装饰柱，以此统一风格，奠定了广场的基调。柱廊是那一时代的风格。西面（背对天安门右边）的人民大会堂相当于日本的国会议事堂，在没有大会时对外开放，有时也会举办音乐会。正面入口处有宽达 83 米的楼梯，楼梯上耸立着 12 根需要四个大人才能合抱的天然大理石柱子，楼梯通向的是能容纳一万人的中央大会厅。建筑的右侧是大大小小的宴会厅，以全国 34 个省（市）、自治区、特别行政区的名字命名。左侧是全国人大秘书处。

大会堂身后西侧，是 2006 年竣工的国家大剧院。法国人设计的银色球顶建筑带给人一种截然不同的印象。大剧院刻意控制了高度，从远处眺望时，更能给人一种强烈的突兀感。另一侧的国家博物馆当时正在装修，尚未开放。

太庙、社稷坛

过去的北京城,在护城河所围绕的宫城(如今的故宫博物院)的外侧,还有一个被称作皇城的外郭。形状几呈矩形,在西南角略微凹下以包围南海。天安门是其正门,其余还有东安门、西安门、地安门等。其东侧为北河沿大街,北侧地安门大街,西侧西黄根街、府右街,南侧为长安街。东侧的一部分已成为皇城根公园。

我再介绍几个皇城内的重要设施。天安门东西两侧按《周礼·考工记》中"左祖右社"的原则而建,建有太庙和社稷坛。左侧(东)太庙为皇帝祭祀祖先、安放先祖灵位的宫殿和前殿。

该建筑是现存少有的明代遗迹。园林多古柏树,为城市中心保留了一片难得的静谧空间。如今已改名为"劳动人民文化宫",新建了电影院,但建筑和园林还保留了原样。

西侧(右)社稷坛(如今俗称"五色土")现在成了免费开放的中山公园。

社稷坛原来由一个中央立石周围摆放黄色、东边蓝色、南边红色、西边白色、北边黑色五种颜色的土的方形台以及周围的附属建筑群构成(图3-6)。社稷是国家的象征,每年春秋时皇帝在此举办祭祀。1914年作为中央公园开放。1924年,以广东为大本营的孙中山来京,与北京军阀政府就国家

图 3-6 社稷坛

统一进行会谈，尚未达成共识孙中山就在北京去世了，其灵柩安放此处。为了纪念他，此处改名为中山公园，还设有他的铜像。

我在这里意外地发现了迁移至此的"保卫和平牌坊"。这个牌坊原本设在东单的繁华街上，应八国联军要求，为纪念义和团运动中被杀害的德国公使克德林而建。1919年，大概出于纪念第一次世界大战，改名为"公理战牌坊"，并搬迁到这座公园，1952年改成现名。现在上面的"保卫和平"四字为郭沫若所题。

大庙东侧有一条南北向的大街，叫"南池子大街"。这里

图 3-7 皇史宬

有一座名为"皇史宬"(南池子大街 136 号)的素雅建筑(图 3-7)。它是一座文献馆,于明嘉靖十二年开工,费时两年竣工。为了保护文献不受水火以及害虫的侵害,这座南北长 6 米、东西宽 3 米的石壁建筑建在汉白玉石的基台之上,是一座风格独特的建筑。这里对外不开放,只能在外面参观,里面除了收藏有明清两朝的实录以及经训、玉牒等外,还收有明朝《永乐大典》的副本。不过,由于义和团运动时八国联军的掠夺,大部分已经流失,目前仅存其中一部分。

第四章
故宫的秘密
——权力的视觉化

乾清门。穿过这扇门,就是明清皇帝的私人空间——内廷

向着耀眼的屋顶而去

由雄伟的宫殿群组成的故宫,在北京的城市风景中,无论从视觉上还是心理上,都占据着非常重要的位置。只要身在老城区,不管是偶然经过,还是远远地一瞥,都难以忽视它的雄伟身影。

有一次,我得以从酒店的房间尽情眺望故宫。随着清晨阳光的移动,隐藏在黑影中的城市渐渐显露出清晰的轮廓,不一会儿,就能清晰地看见故宫那起起伏伏的屋顶首尾相连,划出跃动的曲线。那座有着巨型屋顶的建筑是太和殿,我之所以能在此起彼伏中一眼认出,主要因为西北角的角楼,以及远处与它互相掩映的北海公园白塔。待到阳光直射,铺在屋顶上的琉璃瓦会映射出金黄色的光辉。随着时间的推移,光线变得柔和,琉璃瓦呈现出黄色、橘色和深蓝色相间的迷人色彩,并随着时间变化而不断变换,直惹人目不转睛地凝视。

宫殿建筑群的庑殿顶与歇山顶重重叠叠,划出起伏的线条,远远望去就好像漾着层层波浪。朱红色基调的建筑,配上多彩艳丽且带着玻璃质感的琉璃瓦,其华美一直在我脑中萦绕。那个地方总能给人一种从日常生活中解放出来的感觉。在那一瞬间，凝在宫殿中的历史似乎正在对那些从日常生活中解脱出来的人们诉说着什么。

对于故宫的称呼，或多或少需要些解释。"故宫"顾名思义指的是"过去的宫殿"，准确地说是明清时代的宫殿。故宫始建于明代，由清代继承并发展成为"紫禁城"。1911年辛亥革命爆发，中国变为共和国体制（中华民国）之后，管辖权被分割开。末代皇帝溥仪虽然失去了统治权，作为妥协他仍旧得到了中华民国提供的"皇室优待条件"，得以在紫禁城中保留一个"小宫廷"，继续在此起居。从此，紫禁城的外廷部分由中华民国接收，内廷以及离宫颐和园则依然由溥仪所有。之所以达成这种妥协，原因在于中华民国作为亚洲最早的共和制国家还很不成熟，实权依然掌握在清朝那帮拥有军权的保守派督军手中。

这种状态一直持续到1924年，溥仪最终被赶出紫禁城之时。在此期间，中华民国为了保护从前朝继承下来的皇室文物，成立了故宫博物院，利用宫殿设施面向百姓展出陶瓷器、字画等，这些活动此后也得到了延续。

在故宫，除了建筑和美术收藏品之外，浩如烟海的明清文献也得到了妥善保存。虽然这些文献一般人很难接触到，但是故宫的西北角有一座历史文献档案馆,在那里,文献被按照年代和适用对象的不同进行分类整理,正在逐步面向研究人员公开。

1932年,日军开始明目张胆地侵略东北、华北时,故宫文物开始南迁,被分批运往南京,再运往重庆,再运往后方。抗日战争结束后,解放战争又开始了,故宫的部分文物随着蒋介石败退被运到台湾。因此,今天台北故宫博物院才得以收藏了那么多精美的艺术品和文献。我特意写下这些,是因为这些文物和艺术品如今分隔两地的命运,与日本发动侵略战争有着莫大的关系。

不过,故宫与大多数博物馆不同,到了故宫首先该看的是它的建筑群。像故宫这样巨大且凝聚着精湛技艺的木制建筑群,全世界别无二处。故宫虽然建于明代,但很多建筑是在清代重建的。

南北中轴线

按照传统的视角,再次欣赏一遍天安门吧。天安门本是明、清两代皇城的正门,其设计沿承了清朝时的样式。天安门的门前有护城河金水河,金水河上架有五座带大理石栏杆的白色石桥,天安门左右立有华表,柱身雕刻有蟠龙和瑞兽,

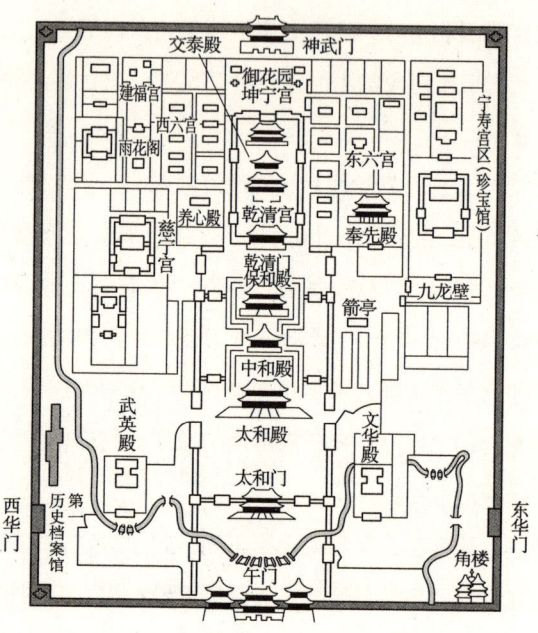

图 4-1 故宫博物院（紫禁城）示意图

柱头上还立着似龙又似犬的瑞兽，名为"犼"，由于它向着天的姿势，因此又叫"望天犼"。

其实天安门内侧还有一对华表，只是不如外侧这对显目，其柱头上方的犼朝向内侧（北）。这提醒着皇帝不要光在宫中沉湎于享乐而忘记百姓，催促其出宫体察民情，所以又叫"望君出"；外面那对面朝南方的犼则寓意盼望皇帝早日归来，又叫"望君归"。

中国的城门建筑不仅仅是个入口,其城门上方还盖有城楼。天安门城楼为中国传统的重檐歇山顶建筑,朱红色的厚重城台上,有拱形券门五阙,东西面阔九楹,威严庄重。以朱红为底色,楣窗等部分施以绿、蓝、黄等华丽色彩。与整个故宫建筑物的色彩搭配共通。

五个拱形券门中,中间的最大,过去只有皇帝才能由此出入,只在正式外出时才启用。除此之外,只有皇帝父母进宫、皇帝大婚以及金殿传胪①时方可使用。1949年10月1日,中华人民共和国举办开国大典时,人民解放军总司令朱德乘坐敞篷车由此门通过,前往检阅人民军队。

故宫所有建筑均设计成沿南北轴线对称的形式。横贯南北的这条中轴线从南边外城的永定门开始,穿过正阳门(前门),又经过天安门正中间,途经各个宫殿,穿过神武门,经过鼓楼和钟楼,贯穿老北京城的中心街道。感受这条中轴线的最好方式,就是登上景山远眺,对此后文将详细介绍。紫禁城得名于紫微垣,传说紫微垣是天帝所居住的地方。也就是说,皇帝将天上的秩序在人间实现,因此成为皇帝。从这

---

①指殿试后皇帝对新考中的进士的召见。金殿传胪时,考取的进士们与王公大臣一起分列大殿左右,恭听宣读姓名和名次。

个意义上来说,故宫的中轴线体现的是天上秩序与人间秩序的基本轴。这种将天上秩序在人间实现的理念被广泛应用于故宫的建筑物当中,例如,建筑物正面均为面阔九间,易经乾卦以九五为尊,而乾卦象征着飞龙也就是皇帝。

故宫里面还有许许多多这类守护皇权永续的象征、法术、护符、辟邪法,等等,无法一一细说。不过,说到这些,忽然感到有些虚无,这些煞费苦心的努力并没有起到任何作用,皇权最终还是灭亡了。不禁让人想到欧洲著名的《鹅妈妈童谣》里的歌词,"国王呀,齐兵马,破蛋重圆没办法"(All the king's horses, and all the king's men, couldn't put Humpty together again),在各种法术守护下的故宫空间里,只是让人感受到强烈的虚无感。

穿过天安门,两侧是长长的、围着回廊的石板通道,与端门正面相对。端门往里有一块长方形空间,那是故宫的前庭,过去是皇帝行走的通道。后面的端门也有五阙券门。

从端门到对面的午门中间有一个相当宽阔的广场,广场的西边隔出了一部分空间,展示着12门红夷大炮,也就是西式前装型大炮。如今,两侧的长廊主要用来举办各种有关宫廷历史、风俗的图片展,十分热闹。

穿过午门

接下来是午门。作为皇城的中心地带，这里四面设门，沿墙还开掘了筒子河（护城河）。最外侧的午门是整个故宫最大的城门，两侧凸起的凹字形城墙给整个空间创造了纵深，左右飞出的楼阁仿佛在宣示此处的威严。正面的九间楼阁中备有为皇帝出御而准备的御座。雁翅楼东西两翼有雁翅排开故得名，门上楼阁的屋顶相连仿佛凤凰，故又名五凤楼。

其他还有分处东西的东华门和西华门（游客不能入内），以及北边的神武门。

清朝的官吏会在每天清晨上早朝之前到午门遥拜皇帝。举办献俘虏等仪式时，皇帝可能会在城楼上出现，但那只是个别情况，通常来说，皇帝会待在午门里的某处，而不轻易露面。这种设计既是一种高明的安排，也是一种巧妙的机关，彰显了最高统治者的威严。午门正中门楼左右的两座阙亭，内设钟鼓，皇帝祭祀坛庙出午门鸣钟，皇帝祭祀太庙时击鼓。券门有三阙，中间的那阙照例还是皇帝专用，而左右两阙则供大臣通过。下马牌上，书写着满汉蒙三族语言，汉语为"官员人等至此处下马"。到了此处，文官下轿，武官下马。东华门和西华门前也立有下马牌，牌上语言还有回文与藏文，以满汉蒙回藏五种语言标识。汉语内容简洁明了："至此下马。"

图 4-2 从北侧看到的午门。面前流淌着的是金水河

午门同时也是现在故宫博物院的入口。门洞穿过厚重的墙壁，像是一条深深的隧道，走出门洞，迎面就是太和门，石头叠起的广阔空间被这道宏伟的门分隔开来。至此，故宫里的世界终于在我们眼前完全铺开。

走过午门，首先映入眼帘的就是绕城而过的内金水河，河上横跨着五座桥，每一座桥上都刻着精美的图案，如白玉般的栏杆熠熠生辉，其构造与天安门外的外金水河相呼应。

之所以将从西边引进的水路设计成弯曲状，并在上面架桥，也是为了突出这片广场的广阔，让人意识到此处与外界的不同。在一些重大场合，比如，皇城里面需要举行大朝，这里作为外朝的入口，显然是经过精心设计的。

雄伟的太和殿建在两层石基上，白色的石基在太阳底下闪闪发光。这些白色石头其实都是汉白玉，开采自北京西边郊外的房山地区。故宫里经常能看到这种玉石做的装饰。太和门有两层歇山式的屋顶，屋顶左右分别有一座狮子；殿内的天花板、楣窗以金、绿为主色调，与朱红色的殿柱形成鲜明对比，颇为壮美。这个门的东西两侧分别有一个小门，即昭德门和贞义门，在这两个门的衬托之下太和门显得分外引人注目。再往里走就会发现，左右两边的门都从视野中消失了，只剩太和门还留在视野中。

如果算上太和门，故宫里共有六对狮子（其他几对分别位于乾清门、养心门、长春门、宁寿门和养性门），这些狮子象征着帝王的尊贵和威严。六对狮子中，又数太和门前的这对最大，在显示威严的同时又极富动感，真是非常卓越的艺术品。

穿过大门，就到了故宫最大的广场，占地面积约三万平方米。隔着广场，三大殿在三阶的白玉石基座上相连而建。每当要举行重大仪式时，太和殿广场上百官聚集。石板御道两旁，排列着铜铸品级山，高约一尺，形状如山，上面以满

图4-3 鎏金大铜缸，表面黄金已被人剥走。据说，每个大铜缸的鎏金均耗金百两（3.7千克）

汉双语写着"正一品"等字样，是百官列队行礼的定位标志。

太和殿是外朝的核心建筑，每逢皇帝即位、册封皇后、皇帝大婚、科举揭榜、将军出征等重大时刻，以及每年元旦、冬至、万寿节三大节，都会在此举行盛大典礼。太和殿面阔11间，高约27米，是故宫里最大的木结构建筑，越发彰显出皇帝的权威。太和殿前有宽阔的平台，称为丹陛，俗称月台，上面陈设着铜龟、铜鹤状的香炉，大理石制日晷，以及置有"嘉量"这一铜制古代量器的石亭。日晷和嘉量象征着皇权，意为皇帝是时间与度量衡的统治者。

太和殿两边各摆着一个表面镀有黄金的鎏金大铜缸，用作消防。其表面有明显刮痕，那是1900年义和团运动时，八国联军用刺刀剥走铜缸表面鎏金所留下的痕迹。

　　这一带常有旅游团游客，不过因为广场够大，只要注意避开人群，就能以自己喜欢的角度近距离观赏太和殿。斜穿过太和广场，就可以找到一个独属于自己的空间。我曾登上右边的楼梯，进入中间靠左的小门，坐在里边的长凳上写写信，做做笔记，度过了较长的一段时间。外边旅游团游客熙熙攘攘，里面却也只有几个人。只要选对了路线，就能找到几乎没有人的地方，与如此宏伟壮丽的宫殿独处。故宫的一大魅力就在于，不管人群如何拥挤，不管来过几次，总能找到属于自己的空间和新视角。

　　参观故宫建筑时，经常能看见宫殿屋檐上的装饰物：骑凤仙人排在队首，马、鱼、狮子模样的动物紧跟其后。这种与唐僧师徒颇有相似之处的装饰物，合称为走兽，每头走兽各司其职，发挥避邪、防火等神力。民间建筑不允许装饰走兽。宫殿建筑上的走兽数量也随建筑等级不同而相异，分成三头、七头、九头等。唯独太和殿的屋檐上有十头，多了一头压尾的带翅膀猴，背生双翼，手持金刚杵，因排行第十而得名"行什"。据说，行什拥有避雷的神力。

　　太和殿内以镶金边的绿色为主基调，大厅中央七层台阶的高台上，设有皇帝御用的宝座。宝座通体贴金，从上到下每层都装饰着祥龙纹,后方摆设着大屏风。宝座上方天花板正中安置藻井,呈向上隆起的四方形井状,垂下七颗宝珠。这种宝珠是皇权的体现,在皇宫的主要建筑中均能见到,然而仅有太和殿的数量达七颗之多。殿内有64根朱红色大柱,宝座两侧排列6根沥粉贴金云龙图案的巨柱,柱上饰有蟠龙浮雕,金光璀璨,分外引人注目。

太和殿后边,依次为中和殿、保和殿,它们与太和殿在同一石基上相连而建。中和殿位于三大殿的中间,是皇帝去太和殿大典之前休息的地方,是一座平面为正方形的小型建筑,殿内为朱红色,中央摆放金黄色的宝座。中和殿的屋顶为四角攒尖顶,四条脊顶端聚成尖状,上面有一颗鎏金的宝珠。相传,北京市东城区灯市口大街有家祠堂,一到早上便有金光射入,人们颇感诧异,后来才知,那是经中和殿顶的金珠所折射的阳光。

中和殿后面,便是面阔九间、颇为气派的保和殿。在参观过雄伟壮观、金碧辉煌的太和殿后再来到中和殿,多少会感到中和殿规模较小、有些朴素。不过,殿内陈设充分展示着皇帝的威严:呈长椅状的雕镂金漆宝座后设有金色屏风,宝座下五层台阶金光闪闪,金龙和玺彩画与柱子的朱红色相呼应,华贵富丽。这里曾用于举行殿试等重要仪式。殿内前檐金柱减去六根的设计，使空间宽敞舒适。

保和殿后，有一块故宫最大的云龙阶石。这块阶石是装饰在皇帝御用阶梯中央的石雕，下方刻有海水江崖，上有九条神龙腾飞于云海之中。根据实际测量的数据，这块阶石宽3.2米，长17.18米，厚1.7米。阶石的汉白玉原石重达近300吨，运自京郊房山。据说，当年是用旱船承载石料，先在严冬打井泼水形成冰道，再用大量的人力畜力前拉后推而运来的。

用外朝的皇宫建筑从视觉上突出帝王唯我独尊的地位，这种方式由明朝首创，在清朝继承发扬。外朝宫殿整体较少体现每位皇帝的不同个性，而重点突出了至高无上的皇权。尽管皇宫建筑规模宏大，但皇帝与群臣接触之处却非常之少，百姓就更不用说了，几乎没有能见到皇帝的机会。对于这

图4-4 星巴克进驻故宫，在原外奏事处开分店。一个美国青年看到后，连说"不可思议"，忙请同行的中国女性为他拍照

种令人诧异的权力结构，黄仁宇在其著作《万历十五年》中描绘得淋漓尽致。我在前文中多次提到，皇帝将自己隐蔽在皇宫之中，官员能够见到皇帝的机会，也就只有每年定期于太和殿举办的几次盛大仪式。而对于百姓来说，几乎没有机会面见皇帝。

乾清宫的世界

从保和殿北边到乾清宫门前，有一个东西宽 300 米、纵深 50 米的长方形广场。这个广场将作为正式场所的"外朝"和作为皇帝私人生活场所的"内廷"隔了开来。

虽然皇帝拥有独裁专制的权力，百官是其进行统治的工具，但要调动群臣还需要使用文书。因此，皇权政治也可以被称为文书政治。处理日常政务的机关主要集中在这一带。乾清宫外以西的那个狭长且朴素的建筑物就是军机处。其职能如名所示，是雍正皇帝在位时设立的临时军事指挥机关。比起原来的行政机关——内阁，军机处能够更加迅速地做出决断，因而逐步取代了内阁来处理日常政务。整个军机处只有屈指可数的几名军机大臣，人员全部从其他机关借调。我读过不少经军机处处理的清朝文献，却从未想到，清朝的政务枢要居然是在这么不起眼的建筑里进行的，这着实出乎我的意料。

东边与军机处相对称的另一处建筑是处理上奏文书的外奏事处。那栋建筑曾进驻两家店:"星巴克咖啡紫禁城店"(小票上的店名)与一家主营美术书籍的博物馆纪念品店。2007年星巴克撤出故宫,据说要换成一家中国本土的咖啡店。代表着全球化标准的星巴克入驻中国传统建筑,两者间的巨大反差带来了一种颇为震撼的间离效果,它的撤出颇有些令人遗憾。

乾清门为单檐歇山屋顶,两侧列铜鎏金狮子一对,丹红色的墙壁呈斜八字形对称屹立,视觉上弥补了院落的狭窄感。通过乾清门,便进入了处理日常政务的内廷世界。康熙皇帝曾经在乾清门里批阅奏折,处理日常政务,史称"御门听政"。

通过乾清门,又见一个石砌广场,广场后面分别是乾清宫、交泰殿和坤宁宫,建在"工"字形的三阶汉白玉石基座上。这三座宫殿又被统称为后三宫。站在乾清宫前,会有一种似曾相识之感,因为这里完全照搬了外朝三大殿的结构。

乾清宫是内廷的正殿,既是皇帝的寝宫,也用于接见外国使节、宴请大臣。不过,在清康熙帝结束其长达61年的执政生涯时,其子雍正为表孝心,将自己的寝宫移至养心殿,从此,乾清宫就成为举行内廷典礼活动和面见官员、接见外国使臣的场所。

乾清宫正殿的宝座大概是故宫里最为人们熟悉的物件了。宝座上方悬挂着由顺治帝御书"正大光明"的黑底金字匾额。宝座呈金色，配金箔五扇屏风。雍正帝创立了秘密建储制度，即皇帝生前不公开册立太子，而将选定的皇位继承人名封存在建储匣内，收藏于"正大光明"匾后，皇帝另外密封一匣常带身边。皇帝死后，由顾命大臣共同取下"建储匣"，与皇帝身边的锦匣对照验看，核实一致后宣布皇位继承人。

乾清门东西两侧走廊并不只是通道，还与照顾皇帝饮食起居、生病用药的机关以及护卫、秘书等人的房间相连。顺便一提，尽管故宫内有很多水井，但皇帝所用的水都从西郊玉泉山运来。

乾清宫再往北走，便是交泰殿。交泰殿是皇后在重大节庆时接受朝贺的地方，因位于与乾清宫（天）和坤宁宫（地）相交的位置，故名"交泰"。象征皇权的玉玺平日便贮藏在此殿内。玉玺共备有二十五方，但清朝在第十位皇帝时就灭亡了。左右两间设巨大的铜壶滴漏和机械自鸣钟，象征着皇帝是时间的统治者。早期使用的是自上往下层层滴水计时的铜壶滴漏，后被西洋的机械自鸣钟所取代。如今陈列的自鸣钟造于嘉庆三年（1798年），是在宫廷内制造完成的。

交泰殿后面的坤宁宫是明清两代皇后的寝殿，分为三部分。东侧暖阁饰以红漆，悬有"日升月恒"匾额。清朝皇帝大婚时要先在这里住三日。如今站在暖阁门外，可以隔着玻璃欣赏里面饰有双喜大字的隔扇等华丽装饰。册封皇后的玉制册书在此收存。由于雍正皇帝将寝宫移至养心殿，皇后的寝宫也随之迁至东六宫。

坤宁宫的中间部分主要用作萨满教祭神，按照满族风俗，屋内备有锅和釜等祭祀用具。祭祀时，在屋外立起神杵，神灵即通过此柱降临。

御花园

出坤宁宫北面的坤宁门后，便来到了树木繁茂的御花园。虽然面积算不得十分宽广，在连续欣赏过前面精彩的宫殿建筑集萃之后，这里的绿意颇能让人放松。大多累了的游客参观到此都会在御花园找个地方歇脚休息。不妨买瓶饮料，坐在水上亭中发发呆、歇歇神。

不过，御花园是人为建造的园林，与模仿自然而建的日本庭院有着质的不同。御花园里用中国人喜爱的多孔太湖石堆砌出各式假山，建造了凉亭。园间通道上镶嵌各式各样的黑白小石子，拼出花朵、动物、风景等图案。

坤宁门北边，御路正中设青铜香炉一座，香炉后是天一门，门后便是钦安殿，供奉着道教的玄天上帝。每年，明清皇帝前来此处拈香行礼，祈求水神保佑皇宫，消灭火灾。故宫曾多次遭遇火灾，大部分建筑为清朝时改建或重建，而钦安殿是故宫中轴线上唯一保留至今、始建于明朝永乐年间的建筑。园内建筑沿中轴线呈东西对称。中轴线以东建有摛藻堂与坐落在矩形水池上的浮碧亭，以西建有造型与构造相同的位育斋与澄瑞亭；其南边，中轴线以东建有四面均设台阶、上圆下方的万春亭，以西建有千秋亭与之对应。不过，御花园里也有刻意设计成不对称的地方。

御花园北侧有顺贞门，其东边有一座太湖石砌成的石山，名为堆秀山。九月九日重阳节时，皇帝便会与后妃在山上御景亭中登高远眺、饮菊花酒。

御花园西侧一角，有一座两层楼阁式凹形建筑——养性斋，两翼分别向前各接出三间（图4-5）。尽管它在故宫建筑里只能算中等规模，但因为两翼接出房间，看起来规模很大。逊帝溥仪将此处赏赐给其英文教师、英国人庄士敦当书房兼卧室用。庄士敦在回忆录《紫禁城的黄昏》中对此有详细记载。他还留下了溥仪和泰戈尔在御花园千秋亭前的合影，以及他与溥仪、溥杰以及其他皇族子弟的合影。日译本《紫禁城的黄昏》（岩波文库）收录了其中部分合影。

这些内廷建筑能够让人感受到清朝皇帝各自不同的个性。在位六十一年、使国家变得繁荣昌盛的康熙帝，继父亲之后致力于强化皇权的雍正帝，于公于私铺张奢华、花费多到埋下清朝衰败隐患的乾隆帝……然而，与这些清

图 4-5 养性斋。溥仪的家庭教师庄士敦曾将此处作为书斋使用

朝皇帝相比，缔造了故宫的明朝皇帝们却没有留下如此鲜明的印象。若要感受明朝皇帝们的个性，那就只能去探访他们建在京郊的皇陵——明十三陵了。真是历史的讽刺。

穿过御花园往北，便是神武门。位于南北两千米长的故宫中轴线上的主要建筑，到此便告一段落了。接下来，让我们前往东西两侧的内廷世界一探究竟吧。

第五章 身虽囿核桃，心为无限王

——从封闭的空间到无限的世界

雨花阁（藏传佛教佛堂）

养心殿和西六宫

位于乾清宫东西两侧的内廷,原本是供妃嫔们居住的后宫,但到了清朝,这里变成了皇帝也在此日常起居的宫殿,性质发生了巨大变化。按照宫廷秩序而言,本应优先东侧,但本书我们先从大部分建筑已向公众开放的西侧开始。

让我们再次回到乾清门外广场。乾清门广场东西向,是一条由各宫宫墙围出来的长长的通道,西边内右门外(先说明一下,皇宫内的左右是以坐北朝南的天子的视角来确定的,因此右为西,左为东)的西侧是样式朴素的军机处,关于这座建筑前文已有叙述。

穿过内右门,就来到了一条狭长的通道——西一长街。长街两侧,红色宫墙连绵不绝,空间上给人一种强烈的向内闭合的感觉。黄、绿、橘色琉璃瓦搭配在一起,装点着宫墙的上沿,通往各宫的样式近乎相同的宫门,反复出现在这条通道上。现在各宫之间里外都有通道相连,这使得参观非常便利,顺着通道路线走就可以参观完各宫。但是,原本各宫就是独立于外界的小天地,因此,我觉得还是规规矩矩地从每座宫殿的正门（南门）进入，更能理解各宫殿的独特之处。

走进西一长街，左侧遵义门内的区域便是养心殿。影壁南侧装饰着一块大大的辟邪开孔青玉。正面是有着红色影壁的养心门，紧接着便是养心殿正殿。

养心殿是一个公共和私人性质交织的空间，最早是康熙皇帝的书斋，后来雍正皇帝把这里作为寝宫，那之后，养心殿就取代乾清宫成为皇帝居住以及处理政务的场所。养心殿由处理政务的三个房间和北边的私人空间构成。正殿设皇帝御座，其上高悬"中正仁和"匾额，皇帝在此接见大臣。虽说是御座，但要远比此前看到的外朝和乾清宫的御座简朴得多。西边的一间房间称为西暖阁，悬挂着"勤政亲览"匾额。再往里走，有间隔出的小房间叫作三希堂，因乾隆皇帝将珍贵的晋代法帖——王羲之《快雪时晴帖》、王献之《中秋帖》、王珣《伯远帖》收藏于此而得名。顺便一提，位于北海公园琼华岛北侧的观古楼内可以欣赏到这些法帖的石刻本。

紫禁城内精心设计的建筑样式和陈设处处彰显着权力威仪，然而掀起重重面纱逐渐向它的内部走去，最终就会到达这间满足皇帝的文人兴趣的私人空间，它极其狭小，小到仅有4平方米。三希堂一侧的墙壁上绘有一个圆形的门，运用了强化的透视法，仿佛在门内深处还有另外一个空间。皇帝统治着可以说是无限大的空间，然而他却把自己的私人空间向里限定成一方小小的场所，在那里寻求一份安宁。这是文人趣味的炫耀，还是作为公众人物，不得不时常在意别人视线的皇帝为找回自我而准备的休憩场所呢？统治着广袤领土，拥有无限权力的人物，最终所需要的不过是一个 4 平方米的小房间，我不禁浮想联翩。皇帝从这个封闭的狭小空间，是如何眺望广阔世界的呢？

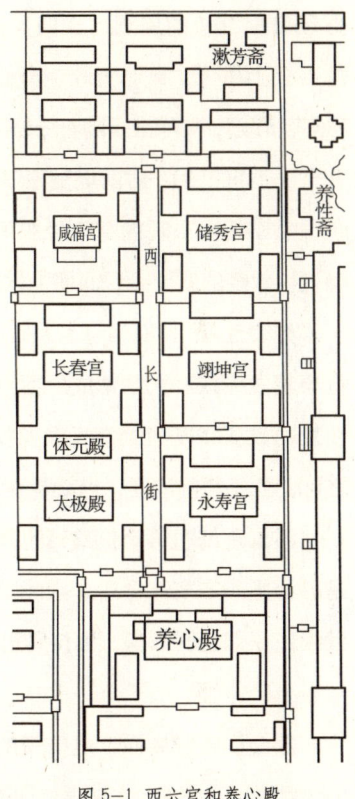

图 5-1 西六宫和养心殿

正殿东侧的东暖阁因慈禧太后听政而闻名于世。清代最高权力由女性掌管，始于同治元年（1862 年）。咸丰皇帝死后，他的皇后慈安和皇妃慈禧共同辅佐同治皇帝，分别称东太后和西太后。同治皇帝去世时尚无子嗣，慈禧太后为继续掌权，打破皇位继承的原则，让四岁的光绪帝（1875—1908年在位）登上皇位，自己听政。皇后、太后掌握政治实权被称为"垂帘听政"，实际上是隔着一层"纱屏"处理政务（《清史稿》礼七《垂帘仪》）。房间里复原了当时的"纱屏"，那是一种黄色纱质帘幔。东暖阁御座坐东朝西，后面是纱屏，纱屏后是皇太后曾经的座位。后面墙上挂着乾隆皇帝的诗文。

光绪七年（1881年）东太后慈安去世，慈禧太后独揽权力，行事越发专横。光绪帝成年后亲政，刚开始改革，慈禧太后便发动政变将光绪幽禁起来，收紧了权力。慈禧太后在弥留之际，立年幼的溥仪，也就是宣统皇帝为帝。

溥仪是清朝第十位皇帝也是最后一位皇帝，他的住所也是养心殿。辛亥革命后，中华民国提供优待条件，溥仪得以继续住在紫禁城内廷，维持着已失去权力的宫廷，直到1924年搬出。

养心殿正殿后面，是皇帝的私人空间寝宫以及皇妃居住的体顺堂、燕喜堂，以走廊与正殿相连，整体呈"工"字形。

出了养心殿后门（吉祥门），隔着东西向的通道，便是西六宫。西六宫分成两列，每列三座宫殿，由南向北依次为永寿宫、翊坤宫、储秀宫，隔着南北向的通道西二长街（西长街）之外，是太极殿、长春宫、咸福宫。这些宫殿原本是几乎相同的规模，门内有影壁，正面为正殿，东西两侧均有配殿，呈"凹"字形三合院，正殿后面还有一重后院，以及东西配殿。

养心殿北边的永寿宫中，有一座罕见的石制影壁，只在与位于与永寿宫对称位置的东六宫景仁宫里有一面石制的相同影壁。两面影壁均高2.5米多，宽3米多，有着雕刻精细的汉白玉基座，采用云南大理石，纹路仿若大自然用水墨绘制的深山幽谷。景仁宫的影壁也同样采用大理石，只是呈现的是云和雾的纹路。真可谓大自然的鬼斧神工。据说，这两面石质影壁可能是明朝所造。恶鬼只能直行不能拐弯，因此影壁可以辟邪，也起到防窥视的作用。永寿宫住过顺治帝的恪妃、嘉庆帝的如妃等，三合院形态保存得最为完整。

后面的翊坤宫原本也是后宫，光绪十年（1884年），慈禧太后庆祝50岁寿辰，移居储秀宫时进行了大修，拆除了储秀宫的宫门，把翊坤宫后院纳入了储秀宫。溥仪退位后，作为"小宫廷"，溥仪的正妻婉容也曾生活在储秀宫。石砖铺成的中庭围着一圈走廊，正殿左右是一对龙鹿铜像。这些宫殿一直是女性居所，因此细微处的椽子上绘有风景、花鸟人物的装饰图案，颇雅致。

南北向通道（西二长街）的西侧是太极殿、长春宫、咸福宫。太极殿没有建宫门，取而代之的是一面精美的三彩影壁，

图 5-2 翊坤宫（东侧）。西六宫之一

其后殿体元殿被纳入长春宫，拆除了长春门，建筑配置略显简略，与长春宫连为一体。

慈禧太后50岁之前一直住在长春宫。她将体元殿纳入长春宫，在面向正殿的一侧搭了一个台子，作京剧舞台，也就是"长春宫戏台"。戏台建在庭院里，比较朴素，并不起眼，但却是观赏长春宫正殿的绝佳位置。

长春宫正殿左右有龟鹤铜像，周围走廊以绘有《红楼梦》人物的壁画而闻名。拐角处使用透视法，走廊看上去向里延伸，小说人物仿佛站在不远处的走廊上。溥仪的皇妃文绣曾在此居住。

顺便介绍一下，从太极殿再向西，有一座颜色发黑、形制奇特的三层阁楼式建筑,最上层屋顶的四个方向上立有龙。这里被称为雨花阁,是一座皇族笃信的藏传佛教的寺庙(见本章篇章页照片,未对外开放)。

在游览内廷的过程中,人们不禁疑惑,这片无限连绵的建筑里,到底共有多少个房间呢?俗话说,紫禁城共有房间"九千九百九十九间半"。据说,天上的天宫有一万间屋,地上不敢与天相同,因此紫禁城就少半间。实际上,清朝最强盛时期约有九千间左右,最近的调查结果为八千七百零六间。无论哪个,都是庞大的数量,想要全部参观,花上一年时间也不夸张。

向内敞开的西六宫的结构并不特殊,北京住宅里常见的四合院就是在"凹"字形三合院的南面建一堵墙,墙上开一道小门,形成"口"字形。在传统的北京城里,这种对外封闭的空间随处可见。

东六宫和宁寿宫区

以乾清门广场为基准,回到内廷东侧。穿过景运门(景运门兼做小卖铺,可以买到面包点心一类的食品),向东就来到一座广场,这里有售卖方便面的小吃店。广场南侧,一座一层歇山顶建筑引起了我的注意,这便是箭亭。这里曾经是鼓励满族子弟习武的场所，南边有一座马场。箭亭的八扇门全部打开，射手射箭的时候，军队列队鸣铜锣鼓舞士气，场面十分盛大。箭亭留存有乾隆皇帝和嘉庆皇帝鼓励习武的碑文。现在，这里担负着计算机中心以及数字导游中心的功能，配备了可以显示故宫游览指南和各种信息的电子设备。

与西边养心殿相对的是斋宫，再向东是毓庆宫和奉先殿。斋宫是皇帝在祭祀前进行斋戒的场所，现在用作举办展览。毓庆宫是皇太子学习的地方。奉先殿是皇帝祭祀祖先的地方，是座九间重檐建筑，庄重肃穆。毓庆宫和奉先殿均未开放。

这排宫殿的后面是东六宫（图5-3），也是两列，每列三座宫殿。景仁宫曾有雍正皇帝的皇后、光绪皇帝的宠妃珍妃在此居住，乾隆、道光在皇子时代也曾住过。前文提到的有云雾纹理的大理石影壁就在此宫。景仁宫北边是承乾宫，再接下来是钟粹宫。钟粹宫是同治时期东太后慈安（咸丰帝的皇后）的居所，光绪帝的隆裕皇后也曾在此居住，一直住到民国时期，1913年在这里去世。装饰钟粹宫正殿的彩色椽子，据说不少是明朝所制。

再往东边，便是延禧宫、永和宫、景阳宫。景阳宫是康熙、乾隆读书的地方，后院正殿为御书房，旁边有一口琉璃瓦口砌的水井。西六宫的后院原本也有水井，现在早已填埋。东六宫中，承乾宫、延禧宫、永和宫未开放，其余建筑均被用作展览。

景运门外广场东侧的锡庆门内是一片崭新的空间，这片区域被称为宁寿宫区（珍宝馆），与东六宫之间隔着一条名为东筒子的狭长通道，这条通道几乎没有门，朱红色的宫墙沿着南北一直延伸，快到尽头时能看到些许故宫最北边的景色。

宁寿宫区是乾隆皇帝晚年时为退位后隐居而筹建的建筑群，这里的建筑、装饰均按他的喜好而建。首先，右边（南侧）有琉璃瓦制成的九龙壁，作为北侧皇极门的影壁，由于太过精美常被人们单独鉴赏。宽达 31 米的巨型影壁上覆盖着黄色琉璃瓦顶，蓝色天空绿云翻滚，九条精美绝伦的龙

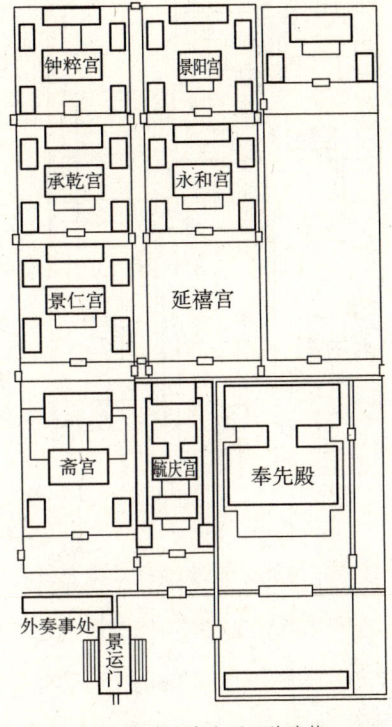

图 5-3 东六宫和周围的建筑

跃动其中。影壁由270块琉璃砖拼成，所有的砖都是立体的。皇帝为九五之尊，所以琉璃砖的数目是九和五的倍数。然而，面向九龙壁左数第三条白龙的腹部为木制，据说，九龙壁在组装时碎了一块琉璃瓦，工匠害怕皇帝惩罚，便用木头雕刻出来并上色，形成了现在的样子。在中国，现存的九龙壁仅有三座，北京还有一座，在北海公园内（参见第八章），第三座建于明代，现存于大同。

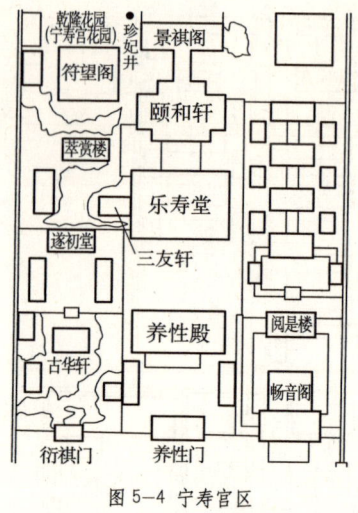

图5-4 宁寿宫区

位于锡庆门东侧的宁寿宫区有部分区域用于文物展览，叫作"珍宝馆"，除九龙壁以外，参观这片区域是需要另购票的。这么一说可能容易招来误解，实际上这片区域的主要参观对象依然是建筑。

九龙壁对面的皇极门在红墙上开有三个门洞，这座门用琉璃瓦模仿乾清门的琉璃屋顶和木制房檐。进入皇极门，隔着石砖墁地的广场便是宫墙围起来的宁寿宫。过了正面的宁寿门，一条宽6米、长30米，围着汉白玉栏杆的路通往皇极殿的基座。皇极殿面阔九间，双重琉璃瓦顶，十分威严，与后面的宁寿宫坐落在同一片基座上。乾隆皇帝原打算在位60年就退位当太上皇，为此设计了这里，也就是模仿乾清门、乾清宫、坤宁宫形制的缩小版。然而，乾隆皇帝尽管在皇极殿宣告举行了退位，之后约四年时间里却一直执掌最高权力，直到89岁去世。他在退位后也一直住在养心殿，几乎没用过皇极宫。

宁寿宫的花园庭院、戏台等，与其说风格独特，倒不如说这片私人空间释放着独特个性魅力。

畅音阁戏台与乾隆花园

宁寿宫北侧，以养性门为中心排列着三列建筑。第一列是进入养性门向东边深处走的最东面，有唱京剧的畅音阁，它的对面就是可看戏的阅是楼。畅音阁是故宫里最大的戏台，有三层之高，面阔三间呈方形，后面还有一座两层的扮戏台。三层戏台分别名为"福""禄""寿"，京剧表演基本是在最下层的寿层。寿层的深处又分为两层，配有让演员、道具从地下缓缓升起的装置，戏台的地下有五口井，其中四口为空井，据说用来增强音响效果。畅音阁对面的阅是楼正中间有御座，皇帝就在这里听戏。阅是楼前面有露台，后妃、皇族等陪同人员就在这里听戏。当戏的内容同时出现天上与凡间时，就会调动畅音阁戏台所有层，立体感十足。在此参观时，从狭小的空间仰视畅音阁，难以体会戏台之大，颐和园有座与畅音阁一模一样的大戏台，周围颇为宽敞，其恢宏也更令人心旷神怡。

始于养性门中间的第二列建筑，从南向北依次为养性殿、乐寿堂、颐和轩和景祺阁。据说，养性殿仿照养心殿而建。乐寿堂是慈禧太后60岁之后的住所，内部以绿色为基调，色彩沉稳，里面有一幅巨大的玉雕——大禹治水图玉山。回廊西侧饰有石刻法帖。

西边的第三列建筑群，穿过衍祺门，便是俗称"乾隆花园"的宁寿宫花园。在南北狭长的有限空间里，乾隆花

图5-5 畅音阁。京剧在此表演

园巧妙地模仿自然，表现出意蕴丰富的林泉之美，极尽能巧。简言之，这个花园由古华轩、遂初堂、萃赏楼、符望阁为主要建筑的四个部分构成。

正面衍祺门内，工匠以太湖石堆砌出弯弯曲曲的入口。右边（东侧）的堆石假山上，设有一个大理石露台。乾隆皇帝将露台接到的露水当作长生不老药来饮用。假山底部挖开，设有佛堂，可从佛堂拾级上山。小小的佛堂周围巧妙地搭配树木，营造出山中氛围。左边是禊赏亭，亭中有为流觞曲水设置的水路，正面是古华轩。这一连串的庭院宽不过50米，却给人带来曲径幽深的印象，这便是造园配景之妙。往里走是第二部分，围绕着中庭建有错落有致的回廊。第三部分围绕石砌假山建有一些建筑。花园的东边是被假山环绕的三友轩，与东侧的乐寿堂相连，是一座专为冬季准备的建筑，能遮挡寒风，内有取暖装置。三友即松、竹、梅，三友轩以松竹梅的图案为基调，内饰大量使用紫檀，十分优雅。

第四部分的主要建筑是符望阁，面阔五间，有回廊环绕，高两层。登上这栋楼阁，无论哪个方向都能欣赏到不同风景，建筑十分精巧。符望阁是乾隆花园的主建筑，倦勤斋为其后殿，殿内正面设御座，绿色为主色调，周围装饰有百鹿图，格子门窗上镶嵌玉石，沉稳而奢华。

从平面图上看，乾隆花园由多个正方形连接而成，排布简单，但是造园者运用曲径通幽的手法，利用弯曲的回廊，使通往庭院的小径迂回，再加上有高低差的走廊，营造出了纵深感。园内有节奏地分布着多种多样的小规模建筑，有的是绿柱红窗，有的正相反，红柱而绿楣窗，以此增加变化。漫步其中，自足底传来高低起伏的韵律之感。这种奇妙的感受是我在别处从未经历过的。

这个区域游人较少，气氛舒缓。这里作为皇帝退位后的私人居所，空间上的逼仄和前面那些为彰显外朝权力而建的壮观建筑形成强烈对比，不禁令人沉思。

行至宁寿宫花园深处向东，在景祺阁的西边有一口珍妃井。1900年，因义和团时，八国联军攻入北京，慈禧太后欲携带光绪皇帝出逃西安，此时，光绪皇帝的宠妃珍妃因忤逆太后被扔进这口井中溺死。井口有一块中间凿有小孔的鼓形井口石，这口井十分小巧，若不是旁边的解说牌，游客很容易错过。

出了珍宝馆北侧入口附近的贞观门，就离故宫北侧出口神武门很近了。参观结束后回想一下，在故宫现存建筑中，最施展个性的便是乾隆皇帝和慈禧太后。他们都以非凡的个性充分施展着政治手腕，然而作为个人来说他们挥霍无度，让国家财政陷入窘境，成为最终导致清朝灭亡的原因之一。从这个角度来看，那些壮观奢华的建筑群和这口诉说着珍妃悲剧的小小水井具有同等意义。

作为展览场所的故宫

图 5-6 珍妃井。传说慈禧太后命人将珍妃投入这口井中

从建筑上来说，故宫本身就是人们的参观对象，同时故宫还用建筑回廊等设施来陈列藏品。展览位置并不固定，根据展品内容分为陶瓷馆、青铜器馆、书画馆、钟表馆、石鼓馆、珍宝馆等。清代所藏的文物中有相当多的珍品，例如《清明上河图》。

钟表分为数种类型：欧洲国家为博得皇帝欢心而献的钟表，具有各种精巧装置的机关钟表，广州模仿欧洲钟表生产的仿制品，以及宫廷仿造钟表。

石鼓馆于 2004 年 10 月重新开放。石鼓是故宫的珍藏品之一，唐代初年在陕西出土，一共 10 面鼓形大石，上面共刻有 500 余字诗，因文字古朴备受喜爱。石鼓的年代有所争议，一般认为是秦朝（公元前 200 年左右）遗物。乾隆皇帝下令仿刻的石鼓称为乾隆石鼓，现在放在国子监门前展示。其实，这些石鼓随着时间流逝而剥落，拓本的优劣才是关键。最常见的是西泠印社所印法帖，现存最好的是宋代的拓本，藏于日本千秋文库。

角楼与武英殿

角楼是建在宫城四个角上的阁楼式建筑，担负瞭望、监视的功能。它作为主建筑的背景而存在，并不起眼，位于环绕护城河的故宫城墙关键处，视觉效果和建筑样式十分别致。最好在出了故宫之后再从外部眺望角楼，三层歇山式屋顶重叠复杂地组合成了"九梁十八柱七十二条脊"。传说中，明成祖命工匠按他的梦来修建角楼，而工匠偶然买到的蝈蝈笼子正是皇帝要求的样式，于是便参考蝈蝈笼子用黏土制造了模型，最终建成角楼。

太和门东西两侧，隔着回廊坐落着文华殿和武英殿，武英殿已经全部修复，现对外开放。从太和门西边的熙和门向西行进，武英殿门前金水河上架有三座石桥。金水河从西北角进入紫禁城,然后一路向南流过武英殿前,再向东穿过围墙,通过太和门前广场上的内金水桥,再向东与文华殿相连。

图5-7 角楼(东北角)

武英殿正面是武英门,门内左右坐落有配殿,在汉白玉基座上,武英殿和敬思殿以走廊连接形成"工"字形。建筑物外墙、立柱、楣窗为朱红色,承托屋顶的斗拱为金粉勾边的绿色和藏蓝色,与朱红色的墙、柱形成鲜明对比,分外秀丽。

明朝末年,闯王李自成率农民军自德胜门进北京城,称帝典礼就在武英殿举行。清朝定都北京后,顺治帝的皇叔睿亲王多尔衮担任摄政王,辅佐当时六岁的顺治帝,就在此理政。

那之后,武英殿自康熙到光绪年间用于刊刻典籍,提供世称殿版的典籍标准版本,成为刊刻书籍的文化中心。

敬思殿的西侧有个浴德堂,像是蒸汽浴室。传说这座建筑是乾隆皇帝为维吾尔宠妃香妃所造的浴室,然而,香妃在历史上是否真实存在过尚且存疑,而且武英殿并无嫔妃居住。

金水河在武英殿前向北大转弯，上面有一座断虹桥，传说柱头上装饰的猴子曾窥视后妃沐浴。这些石猴实际上是狮子，因造型模糊容易被错看成是猴子。

到民国时，故宫外朝归民国政府，武英殿变成古物陈列所。武英殿西侧有座名为宝蕴楼的二层西式建筑，颇引人注目。这里是为保管从沈阳故宫和承德避暑山庄运来的文物而修建的库房。宝蕴楼有一座传统样式的门，名为咸安门，是此地原有建筑咸安宫的遗迹。再向西便是西华门，普通游客不能出入。

未开放的宫殿——文华殿、慈宁宫、漱芳斋等

故宫里有相当数量的建筑并未开放。目前故宫正在进行大修，大修期间为2001年到2020年。[①] 大修完成后，故宫将再现康乾时代最鼎盛时的风采。随着大修工程的推进，故宫的开放空间将逐步增多。在此先介绍下一些主要的未开放建筑。

文华殿位于故宫东侧与武英殿相对称的位置，其文渊阁是故宫里少有的绿色琉璃瓦顶，藏有《四库全书》。这栋建筑仿造浙江宁波著名的私人藏书楼天一阁的建筑样式，带有江

---

①本书初版是2008年，全书的论述也都以初版时为基准。

南建筑风格，因此屋顶颜色与众不同。内金水河绕过文华殿北侧，在文渊阁前形成一个水池，然后向东流去。

漱芳斋（图5-1）位于御花园以西，西六宫以北的重华宫区，是一座非常精美的建筑。漱芳斋设有一座以绿色为基调的雅致戏台，上悬"升平叶庆"牌匾，庆贺溥仪大婚时，梅兰芳等京剧名角曾受邀在这里表演。建筑物内部还有一座名为"风雅存"的小戏台。漱芳斋距离处理政务的养心殿很近，乾隆皇帝常常在这里听戏。

建福宫（图4-1）里有延春阁、静怡轩和建福宫花园等，在1923年的一场大火中烧毁，溥仪在废墟上建了一座网球场。如今，建福宫和花园已整体修复完毕。

慈宁宫位于养心殿西侧，南边有独立于宫殿的"慈宁宫花园"，南北长的空间南端，以太湖石堆成假山，在向北稍稍往上的花园中轴线上分布着亭台楼阁。靠南有座临溪亭，架于水池上方的桥面上，围有汉白玉栏杆，可欣赏池中荷花和游鱼。花园中心东西建有含清斋和延寿堂，是三座屋顶相连的勾连搭式建筑，从外墙的截面来看，如同波浪一般，十分精美别致，是故宫中少见的建筑样式。最北边规模较大的咸若馆，带有配殿。慈宁宫花园比起假山奇石更重视松柏花树，与乾隆花园相比，给人一种温柔的印象。

景山眺望的风景

游客穿过御花园，经神武门出故宫，隔一条马路，跃入眼帘的便是满山披翠的景山。从景山山顶眺望的风景尤其精彩。

景山顶上建有一座万春亭，从这里远眺，可将故宫全景尽收眼底。井然有序的建筑物带给人一种秩序感，色彩鲜艳的琉璃瓦铺展开来，一派壮丽。从这里俯瞰刚参观过的故宫，所有人都会被这壮丽景色折服。景山山顶位于从南向北依次贯穿外城永定门、内城正阳门、天安门、故宫三大殿、后三宫的中轴线上，站在这里，天上秩序与人间秩序融为一体。

传说景山用备用煤炭堆积而成，因此又名煤山。其实，这座山是用挖紫禁城的护城河时产生的泥土堆成，向东西方向展开两翼。东侧斜坡山脚处有明朝最后一位皇帝崇祯（1628-1644年在位）自缢的槐树，不过现在的槐树已是当年那棵树的第三代。李自成农民起义军逼近北京之时，臣子均已出逃，崇祯皇帝命皇后自缢，自己则来到景山，在衣襟上写下遗言后亦上吊自缢，身边仅有一名宦官陪伴，其遗言大意为死后无颜面见祖宗，以发覆面等。此后不久，驻守山海关抵抗清军的明朝将领吴三桂打开了山海关大门，迎清军入关。入关后的清军将李自成起义军赶出北京，成为新的统治者。经历过闯王的短暂统治之后，紫禁城成为清朝皇帝的宫殿。

如今，槐树下立着的两块石碑"明思宗殉国处"和"明思宗殉国三百年纪念碑"，分别建于1930年和1944年。崇祯帝因农民起义自尽，故按新中国人民的历史观，并不能认可崇祯帝为"殉国"。不过，近年来，两块石碑本身具有的历史意义得到了认可，因此，沿山脚向北转，展示着对碑文意义的细致解说，长达四页。

图5-8 崇祯帝自缢的槐树。
右边石碑为"明思宗殉国处"（建于1930年），左边为"明思宗殉国三百年纪念碑"（建于1944年）

第六章 什刹海及其周边
—— 古都的余香

西海湖畔的新餐厅

胡同和水

在拥有成片灰墙胡同的市中心北部，保留着最正统的老北京味道。从大街往里走一点儿，就迈入了宁静胡同的世界，寺院、庭园和历史建筑星罗棋布。

这片区域的北侧，地铁二号线勾勒出了内城的轮廓。南边东西走向的地安门大街划出了大致界限。皇城北门地安门标识着紫禁城（宫城）的外围。最近，这里流行人力三轮车胡同游。许多三轮车夫以地安门西大街的什刹海公园附近为据点候客。这个胡同游全程大约两个半小时，带着游客参观主要的胡同。

这片区域的中心是一个西北—东南方向的人工湖，叫作什刹海。什刹海是作为蓄积来自玉泉山的饮用水而建成的蓄水池，由西海、后海和前海三部分组成，南接北海、中海和南海。元朝时，通过水路连接大运河的终点通州，物资集中，因此，什刹海以东的鼓楼一带曾是商业活动的中心。到了明朝，水路不再发挥功能，商业活动衰败，高官们为享受湖上的清凉，来湖边建造宅院和寺院。"什"意为"十"，"刹"意

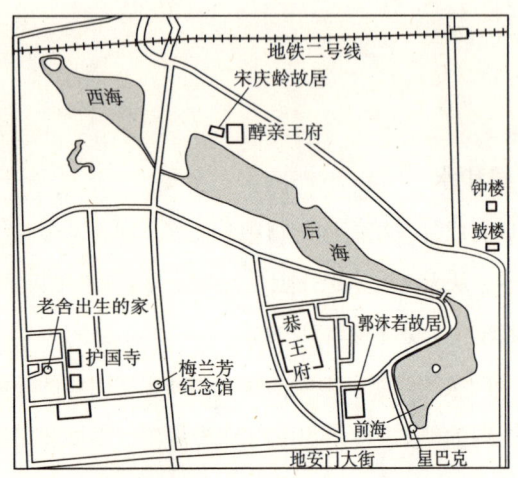

图 6-1 什刹海的周边

图 6-2 从景山眺望鼓楼。最前方是寿皇殿，中间的传统屋顶为近代中西合璧建筑

为"寺院",什刹海即意为这附近有十座寺院。到了清朝,亲王纷纷来此兴建府邸。

靠前海东侧的鼓楼和钟楼(东城区鼓楼大街)是用来报时的建筑,撞钟告知早晚城门开合时间,击鼓表示每小时。鼓楼高三十多米,红砖墙上耸立着歇山式屋顶木制朱红色建筑。鼓楼建于明朝初年,清朝时进行了修复。鼓楼以北几百米处是钟楼。以前这里是万宁寺的中心阁,地处元大都中心。钟楼基座以灰砖砌成,基座上方也采用相同的灰砖材料,整体呈灰色,比鼓楼低,与鼓楼形成鲜明对比。明朝以后,市区向南迁移,但南北轴固定不变,因此从景山向北眺望时,可以清楚看到,这两个建筑物位于南北延伸的北京中轴线上。这一带没有高楼,鹤立鸡群的鼓楼和钟楼至今仍保持着统领周边的雄风。

前面提过,鼓楼附近是东单、西四等繁华街市,南边的地安门大街和什刹海周边有很多知名餐馆。鼓楼不远处,后海和前海交接变得狭长的部位,有一家知名餐馆"烤肉季"(东城区前海东沿)。店里悬挂着中国著名社会学家费孝通先生(1919—2005年)题写的"烤肉季烤肉一绝",颇有些幽默色彩。

费孝通运用20世纪30年代在英国所学的社会学方法,

图 6-3 清朝传统建筑风格的星巴克咖啡厅

研究了家乡附近一个江南乡村，因此闻名于世。他在晚年时期着力主张小城市的发展潜力，因而对宣传个体经营企业比较积极吧。还有郭沫若亲笔题写的"都一处"，或许文化人对饮食文化的夸赞也是中国文化的一部分吧。

前海一带经过整修，成为"什刹海公园"，人们可以在市区享受水和自然风光。周围有很多餐馆，到了晚上特别热闹。

地安门东大街到前海的入口处，最近盖了一个传统牌楼形状的"荷花门"。什刹海是欣赏荷花的好去处，荷花为夏天的湖面增添了亮丽色彩。穿过荷花门，左边是一家星巴克咖啡厅，采用红柱绿梁的清朝传统建筑风格。虽然不及之前的故宫分店震撼，但作为全球统一风格的星巴克，能在此处采

图 6-4 醇王府大门。右边可见写着北京市指定保护设施的牌子。

用东方传统风格,已然令人吃惊。

最近,后海南岸,由个人住宅改造而成的酒吧和小吃店逐渐增多,成为热门场所。一到晚上,水中倒映霓虹灯光,一派繁华。

与南岸相比,后海北岸相对宁静得多。醇亲王府(西城区后海北沿)是清朝末代皇帝溥仪出生的地方。在清朝的制度中,皇帝出生的宅院即"潜龙邸",不能继续居住,通常用作寺院。由于醇亲王要为年幼皇帝摄政,同时新王府尚在建造中时辛亥革命就爆发了,因此没有从旧王府搬迁。辛亥革命后,宣统被允许继续住在紫禁城内,到 1924 年,冯玉祥将宣统赶出紫禁城后,宣统曾在此暂住。

现在，建筑里面进驻了政府机关（卫生部），不对外开放，游客只能看到大门。其西侧花园在新中国成立后，由政府改建成欧式宅邸，供孙中山夫人宋庆龄居住，现作为宋庆龄故居（西城区后海北沿 46 号）对外开放。因此，称宋庆龄故居为"末代皇帝出生之地"是不太准确的。不过，花园、湖和回廊还是传统结构，保留着醇亲王府当时的风貌。池子里的水直接引自什刹海，这是亲王享有的特权。

雍和宫

雍和宫（东城区雍和宫大街 12 号）是北京最大的藏传佛教寺院，也是雍正帝做亲王时居住过的宫殿。雍正之子乾隆帝在此出生。雍正帝即位后，这里就成了行宫，改名雍和宫。雍正帝在西郊畅春园驾崩，在乾清宫办完葬礼后，其灵柩一直安放于雍和宫，一年后迁入清西陵。雍正帝灵柩停放期间，这里的主要建筑全部用皇帝专用的黄色琉璃瓦重新修葺。到了乾隆时期，这里才成为藏传佛教寺院。

1400 年，宗喀巴开创格鲁派（黄帽派），通过蒙古传入清朝。雍和宫就是黄帽派的寺院。虽然藏传佛教是印度正统佛教，但也受到本地信仰的影响，比如，佛像大眼、颇具现世感的面容，在日本人看来颇有些不适应。

南侧正面入口处有四根朱红色柱子支起的气派牌楼,上有大大小小七个黄色琉璃瓦饰顶。穿过红砖砌造的昭泰门,即可看到分布在南北轴上的重要建筑。穿过前庭,第一个大门楼是天王殿,里面有满脸笑容的弥勒佛坐像和四天王像。弥勒坐像的背后,朝北摆放着韦陀护法像。下一个建筑即主殿雍和殿,里面有释迦三尊像和紫檀木雕刻的五百罗汉像。天花板六角形的藻井上雕刻着衔着玉的龙,这正是王宫建筑的余韵。前庭的四体碑亭镌刻着碑文,上以满、汉、蒙、藏四种文字刻乾隆帝所撰写的《喇嘛说》。这里还有汉白玉石座的青铜制须弥山像(图6-5)。须弥山代表着佛教的宇宙观,上有铭文记载铜像铸造于明朝万历年间。

从这一带开始,烧香拜佛的烟雾缭绕不绝,不禁让人感受到这里并不只是观光景点,也是宗教信仰场所。永佑殿里供奉着无量寿佛和药师如来像。北侧还有一个名为法轮殿的正十字形建筑物,中央

图6-5 雍和宫的须弥山像

与四边各支出一个楼阁状屋顶，上面顶着葫芦形的藏式宝顶，造型颇为独特，中间为高达 6.1 米的黄帽派创始人宗喀巴的坐像。

最里面的万福阁规模恢宏，由中央三层和左右各两层的建筑组成，二者以二楼的回廊相连。中央建筑物内部的通风处，放了一个巨大的弥勒佛立像。佛像用整块白檀香木雕刻而成，高 16 米，另外，还有 8 米埋在地下，是世界上最大的木制佛像。

孔庙和国子监

从雍和宫外大街进入西侧成贤街。街道两旁，槐树和灰墙连绵不绝，平添了街道的安静。按照左庙右学的礼制，左边（东）设孔庙，右边（西）设国子监。这里有一座跨马路的牌楼。据说，以前这种牌楼很常见，由于阻碍交通，均被逐步拆除，如今市区只剩下这一处了。

穿过孔庙（东城区国子监街 13 号）先师门，柏树繁茂的前庭排列着从元朝到清末的进士题名碑。从元朝皇极二年（1313 年）到清朝末年，共计 196 座名碑按照成绩顺序排列着 51624 个人的名字和家乡。进士是通过科举考试的最高级别殿试合格的人，殿试每三年在紫禁城太和殿举行一次，每次通过 300 人左右。当第一名状元为名人时，还会单独为他

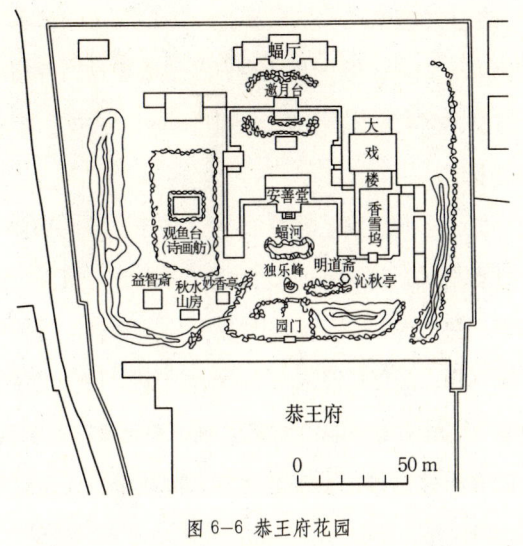

图 6-6 恭王府花园

们制作小型石碑。从这些石碑可以发现，状元也未必有真能耐，这一事实耐人寻味。看到这一排排的石碑，就会认同，科举制度逐渐变得形式化，失去了筛选人才的作用，最后于光绪三十年（1904 年）被废除也是理所应当。

一边瞻仰着孔子像，一边拾级而上，就来到了大成门，门内陈列着乾隆皇帝让工匠模刻的"乾隆石鼓"。关于故宫的石鼓，前面已有描述（参照第五章）。四周环绕着回廊的中心建筑便是大成殿，里面供奉着孔子及其弟子的牌位，此外还有七十二弟子的塑像。

前庭有一口井，名为砚水湖，传说喝了这口井里的水就能文思焕发，妙笔生花。因此，参加科举考试的书生纷纷前来，祈求通过考试。

国子监（东城区国子监街 15 号）位于孔庙的西侧，是国家教育管理机关。这里是公卿大夫子弟的教育机关，明清时期也准许平民入学。国子监的作用是培养官吏，随着科举的地位不断下降，最终在清末 1903 年被废除。国子监的大门名为"集贤门"，里面是主殿"辟雍"。清朝皇帝曾在此亲自讲学。主殿后面有一藏书楼，名唤彝林堂。再往里走，是国子监学生的住宿设施等，不对外界开放。

这里保存着乾隆时代费时十二年将蒋衡的楷书《十三经》（《易经》《尚书》《诗经》《周礼》《仪礼》《礼记》《春秋左氏传》《公羊传》《穀梁传》《孝经》《尔雅》《论语》《孟子》）刻下的石碑（石经），一共 189 面，称为国子监石经或者乾隆石经。作为标准典籍的展示，石经意义非凡。

恭王府

前海西侧是恭亲王奕䜣宅邸的遗址。它是旧亲王府中保存最完好的一座，但是居住部分不对外开放。只有恭王府（西城区柳荫街甲 14 号)对外开放(图 6-6)。这里曾是乾隆皇帝的宠臣、大贪官和珅的府邸,有观点认为这里就是《红楼梦》里大观园的原型。

然而,《红楼梦》的作者曹雪芹出生于 1724 年,于 1762 年(或 1763 年)去世,和珅(1759—1799 年)是在 1776 年以后建造的宅邸,因此原型说并不可信。不过,这座私人园林既华丽又雅致的氛围,一定激发了中国人的想象力吧。

乾隆皇帝驾崩后,和珅被问罪赐死,其家产宅邸被尽数没收。在嘉庆皇帝时期,这里成了庆亲王永璘王府,后来到咸丰皇帝时,这里赐给了恭亲王奕䜣。恭亲王曾与西太后联手治理晚清的政治与外交事务,这个王府也用作接待外国使节等。王府里保留了可享曲水流觞之乐的流杯亭,以及能眺望池景、造型优雅的妙香亭等适合款待客人的设施。

花园又名萃锦园,正

图 6-7 恭王府花园大门

门是一个石造拱门，装饰有希腊式圆柱和蔓藤花纹，外侧和内侧分别悬挂"静含太古""香抱恒春"的中式门额，中西合璧的建筑风格令人惊奇。这种中西结合的造型不禁让人联想到那个屡次出现在外交谈判中的恭亲王所生活的时代。不过，花园里面为纯中式风格。

大门正面立着名为独乐峰的柱状太湖石。多孔的太湖石是传统中国园林的基本要素，以此打造园林的向心力。北边安善堂和邀月台的小丘形成了中心轴，但这个园林的造园妙处就在于打破了左右的对称，布置得像穿行在庭园、湖、假山之间一样。园林右路，穿过漂亮的垂花门，右边有香雪坞，左边为明道斋，回廊可通大戏楼。听说戏楼内部装饰着漂亮而统一的紫藤花图案，但由于戏楼总被旅游团游客占满，我至今未能入内观看。从戏楼北侧顺着回廊登上邀月台，台上别致的建筑十分适合俯瞰园内。

小山下面有一个名为福字祠的半地下洞，藏有刻着康熙皇帝御笔的"福"字石碑。石碑高1.29米，刻有一个刚劲有力的草书"福"字，上面还有"康熙御书"之印。现存的康熙亲笔题字稀少，加上中国人特别喜欢"福"字，王府内外的小商店里充斥着有这个福字的红色画轴、布、卡片、钥匙扣等小礼物。

小山的北边是正厅，两侧配有耳房，因平面像张开翅膀的蝙蝠，又名蝠殿或蝠厅。因"蝠"和"福"谐音，而受中国人欢迎。园内西侧有一个湖，踱过桥，便到达了一个阔三间、四周围着栏杆，栏间雕画的漂亮建筑——观鱼台或者诗画舫。这是中式园林的必备，象征着船，可从雕空处欣赏湖中景色。我喜欢在逛完一圈之后在此处稍作休憩。我在北京之所以容易被水吸引，其中最根本的原因也许在于，北京这座城市对于日本人来说意味着一片干旱的土地。

湖南侧，有妙香亭、秋水山房、益智斋可以眺望湖。用太湖石的假山将湖与正门隔开，营造出另一方天地，这种造林技巧真可谓了不起。

从结果来看，这片土地上有许多起源于元朝的建筑。当然，由于市区北部与元大都南部重合，这也算理所当然。

第七章 天坛
——祭天之所

天坛祈年殿

天桥的神圣与世俗

为什么仅仅去天坛就能让人兴奋呢？这或许是因为，人能在天坛与上天交流吧。若要去天坛，最好在晴天的早晨，那时游客比较少，能留下更为鲜明的记忆。近几年，北京极少有晴空万里的时候，因此去天坛需要等待时机。那年十一月的某一天，狂风呼啸，像是在宣告冬天的到来，第二日，如同大自然的恩惠一般，晴空万里，我便是在那天早晨去参观的天坛。

举办祭天大典时，皇帝从紫禁城出发，经过天安门，一路向南，过正阳门（即前门），经西天门进入天坛。从正阳门出发沿着大道，大约是1500米的路程。从正阳门前行两个街区，便到了距离天坛很近的天桥。从前，这里是湿地，因此搭建了这座桥。因是天子去天坛必走之桥，故称为天桥。后来，湿地被填平，桥也拆毁了，从此天桥便"有天无桥"了。从前，杂耍、曲艺等民间艺术在此云集，成为市井平民消遣的乐园。现在这里设有电影院等游乐设施，其中最为引人注目的，是气派的天桥剧场。在其门前广场上，似乎为纪念往时历史，

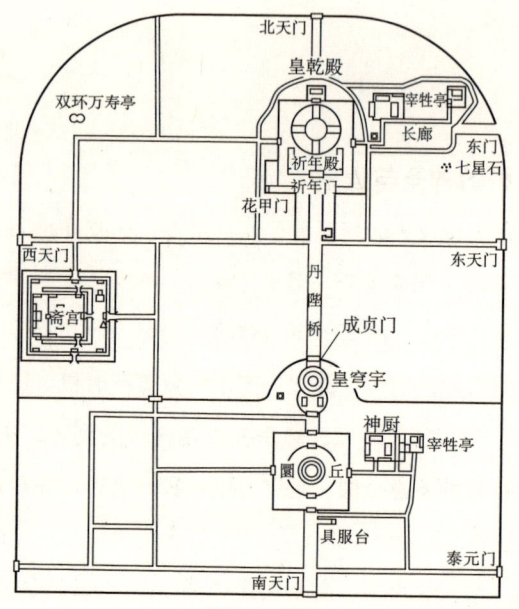

图 7-1 天坛

并排摆放着"天桥八大怪"铜像。

　　皇帝祭天的神圣场所竟与市集林立、人流涌动街头卖艺的热闹世俗场所相邻，颇有意思。它如实地诉说着，祭天与平常百姓毫无关系。

　　当天，我居然有幸在天桥看到了传统杂耍。大概是为庆贺新店开张，一个少年在表演耍中幡。一位平头的师傅，看着很精明，以低沉的嗓音解说着。他说道"若表演得好，请大家多鼓励",话音刚落,小伙儿就将悬挂着绸旗的沉重中幡轻松地放到肩头,之后,算好时机,手不扶竿,顶幡上额,这技艺名为"龙腾虎蹲"。人好比蹲着的虎,绸旗好比飞天的龙。围成圈儿观看的观众只发出稀稀拉拉的掌声,师傅有些不悦,一边说着"请鼓掌",一

图 7-2 天桥的杂技

边环视四周观众。这时,掌声变得热烈,还掺杂着叫好的喝彩声。他们已经相当熟练。接着,出来了一群略微年长些的青年,接着进行表演。

那天,我有幸看到意料之外的杂耍表演,越发感到自己的幸运,甚是开心。极目远眺,隐约可见最近刚刚修复的外城正南面的永定门。

在西门买完门票,进入天坛。天坛公园绿化非常好。这里的树木虽是新中国成立后栽种的,但比其他很多公园都更

加茂盛浓密。实际上,有不少市民来此的目的不是参观天坛,而是散步或打太极。他们购买的是极为便宜的月票。

  天坛的主建筑是圜丘(圜丘坛)和祈年殿。圜丘是皇帝在冬至日举办祭天大典的场所,它是用汉白玉栏围起的圆形区域。祈年殿是年初祈谷之所,是一座圆形的精美建筑。圜丘坛在南、祈年殿在北,二坛排列在同一条南北走向的通道上。祭天大典时,皇帝从紫禁城南下,经西天门进入天坛。

  从西门进去后,边走边享受公园的绿意,步行1000米左右,就到了天坛。先通过西天门,在右手边(南侧)可看到一个被围墙围起来的雄伟建筑,这就是斋宫。在祭天大典前,皇帝要在此斋戒,住宿一晚。

  斋宫布局规整,有两道护城河围护,朱墙,绿琉璃瓦。屋顶未用象征皇帝的黄色琉璃瓦,而用的绿色琉璃瓦,这是为了表示,皇帝在天之前不敢称尊。外围护城河上架有汉白玉石桥,红柱相连的回廊面向护城河而建,十分精美。

  经过东门,汉白玉石的台基上建有砖砌的正殿。右边设有为规诫斋戒中的皇帝而建的斋戒铜人亭,其屋顶为绿色琉璃瓦。据说这个表情严肃的铜人是掌管音律的明朝官吏冷谦。北侧的外部有一座钟鼓楼,悬挂着明朝永乐年间制造的大钟。皇帝从斋宫出发祭天时,鸣响大钟,提醒相关人员集中注意力。

从斋宫的门向东走，就到了连接南面圜丘和北面祈年殿的丹陛桥。它是一条长长的石铺大道，中间磨平的石板是皇帝专有通道。这里已经是举办仪式的空间了。

天坛是北京令人印象深刻的场所之一，不同于构造复杂的故宫，它仅由两座相距七百米、相对而建的建筑构成，一座是朝天空拓展的圆形空间——圜丘，另一座是华丽的祈年殿。仅用直线与圆形相结合的朴素设计就营造出了庄严肃穆的空间，颇让人意外。

朝着南面的圜丘前行，会路过成贞门，它将广义的天坛分成了南北两个部分。成贞门前有一座有圆墙围绕的小型精致建筑皇穹宇。我们先绕过它，去参观天坛的核心区域——圜丘。

狭义的天坛即圜丘坛，坛面呈圆形，由三层汉白玉石垒砌而成，并围有汉白玉石护栏。方形地基代表着"天圆地方"的宇宙观。坛面直径、栏杆、坛面铺石的石头数，都基于阴阳说，取七或九的倍数。

冬至日拂晓七刻（上午4时15分），皇帝在这个露天圆台上举行祭天大典。祭天大典的核心仪式是焚烧祭祀牲畜，使烟雾通达天神，从而天人交会。坛东面为焚烧祭品的燔柴炉，由绿色琉璃砖砌成。焚烧牲畜的同时，还会献祭丝绸和玉石。

冬至日在圜丘祭天,立春时则在祈年殿举办祈谷大典。

天子先乘轿从斋宫到北侧的成贞门,再换乘祭祀专用的"玉舆"抵达圜丘。祭天大典时,周围漆黑一片,坛上烛光摇曳,灯影烟云,充满神秘色彩。另外,圜丘坛的西侧设有望灯,望灯杆高九丈(28.8米),最上面为照明用的灯具。现在,这里保留着石砌的望灯台,耸立着复原后的木制望灯杆。高高的望灯杆上朦胧的灯火在空中摇曳,神秘极了。

圜丘顶层正中央有一块经打磨后的圆形石板,名为天心石(太极石)。由于回音效果,在此讲话会有明亮而深沉的回响。用它来回响皇帝祈福的声音,增强天人交流的仪式效果。

如今,太极石是热门景点,想要拍照留念的人们常常需要排长队。以前,很多游客会在这里大喊几声来听回音,近年来喊叫的人少了,却可以看到一种新的独特祈祷方式:突然用瓶装水洒水,并开始喃喃祈祷。中国人向来对周围人的行为比较宽容,排队的人耐心地等待别人祈祷结束。在太极石上大喊几声好歹是游客的一种乐趣,后面这种独特的祈祷方式却让人不明就里,甚至有些瘆人。新中国成立后,普通人取代皇帝成了国家的主人,他们的精神寄托何在,实在令外面的人费解。

当年虽有很多臣子参与天坛的仪式,但参与的名额还是有限的。祭天大典本质上是一个秘密仪式。如果说紫禁城是一座百姓可以见到的、彰显皇帝威严的多重建筑,那么,天坛就是一个皇帝直接拜天的、相对简单的场所。祭天时虽然也会隆重庄严地宣告皇帝出御、回宫、仪式结束等时刻,但那也只是面向官员进行宣告,与平民百姓毫无关系。

石桥丑雄在其著作《天坛》(山本书店,1957年)中,简洁地阐述了这种祭天大典只是皇帝的秘密仪式,与百姓毫无关系的事情。

> 通观中国古代社会,实际上存在着两个始终对立的阶级,即"天子受命于天,天下受命于天子",以天子为中心的士大夫统治阶级和以农民为主体的庶民被统治阶级。其中,不可忽略的一点是前者以礼治天下,后者是服从世俗而活。而且,古代中国将多达几亿的苍生归于小人、庶民之名,他们是统治阶级剥削的对象,被残酷的施政所摧残。南郊祭天大典是古代皇帝最重要的祭祀典礼和国家最重要的典礼,受到统治者的重视。但是,它只是统治阶级的大典……与平民百姓毫无关系,且始终与平民阶级相隔绝。辛亥革命(1911年)是一个划时代的革命,平民阶级夺取了世袭的统治阶级的政权,也

宣告了祭天仪式的终结。

石桥丑雄所讲的天与地两个阶级互不关心之事，与黄仁宇在《万历十五年》的观点不谋而合，即，中国传统社会晚期的结构，有如今日美国的"潜水艇夹肉面包"，上面是一块长面包，大而无当，此乃文官集团；下面也是一块长面包，也没有有效的组织，此乃成千上万的农民。其中三个基本的组织原则，此即尊卑男女老幼。没有一个涉及经济及法制、人权，也没有一个可以改造利用，因此所有的先进思想、杰出的政治家最后都陷入自相矛盾之中。（黄仁宇《万历十五年和我的大历史观》，《万历十五年·中文版后记》）

石桥丑雄是一位杰出人物。他出身于岛根县益田，大正初期（1913年左右）应征入伍，后随军至中国北部，因喜欢中国风情，退伍后仍留在中国。后进入日本外务省，从事调查研究。他热爱北京，潜心研究古迹。1937年，他受聘于北京市公署秘书长室和旅游科，当时前来北京参观的日本人都受到了他的热情招待。和田清博士在为《天坛》所作序文的开头写道，"本书作者石桥丑雄是一位好客与好学之士"。由此可见一斑。石桥丑雄还著有一本面向普通读者的书籍《北京游览导游》，以及一本讲述萨满教的书籍《北京的萨满教》。

《天坛》一书将清朝女真族(满族)的信仰体系与天坛联系起来，得以实现对天坛的精准分析。

　　石桥丑雄在回到日本出差之时，日本战败，他留在北京的约两万册的藏书和资料全部丢失。那之后，他为了反思自己，回到乡下务农，并立志依靠行李箱中仅存的天坛相关资料和二十五史来撰写著作《天坛》。从现代历史研究人员的角度出发，看到本文引用的石桥丑雄后半段中的"辛亥革命中，平民阶级夺取了世袭的统治阶级的政权"这句话时，难免会生出疑问，但它反映了石桥丑雄对1945年前后中华民国获得新生的期待。现在，我怀着"国家的权力真的是平民阶级的吗"的复杂思绪伫立圜丘，但这不过是我个人的思索而已。

宇宙的中心

　　宫城南面修建了圆形祭台，天子在此祭天的传统可以追溯到古代。说到祭天与北京这座城市的关系，自从明代定都北京，就在此修建大祀殿，举办天地合祀之礼。之后，修改制度，改为天地分祭，新建圜丘，另建大祀殿。清代沿袭明朝旧制，乾隆年间扩建天坛，多次进行修缮，并将大祀殿改为祈年殿。天坛主要建筑从南到北依次为圜丘、皇穹宇、祈年殿，中间用白石甬路、桥梁和区分各个院落的墙壁将其连接，另有洁身、换衣、准备祭品等皇帝举办祭天仪式时所需的诸多附属建筑。

举行仪式之前，浩浩荡荡的队伍簇拥着皇帝从午门、天安门、正阳门到天坛。护卫守在道路两旁，载着旗、幡、武器与装饰物的大象走在最前列。因为象寓意着和平，所以皇宫内饲养着几头象。在前列的骑马护卫中，穿着红色衣服的二十四人抬着坐在藏青色轿中的皇帝，其后有很多人徒步跟随。之后，皇帝换乘祭天仪式专用的金色小型玉舆，由十六人抬着玉舆继续前行。后卫的骑马护军、侍卫、文武百官的队列成为民众观赏的对象，但天子被层层保护，民众是看不到的。虽然仪式年年举行，但仪式的内容与平民百姓无关。

皇穹宇

圜丘东侧为神厨神库及宰牲亭，是准备祭品的场所。圜丘北侧为圆形建筑皇穹宇，墙壁同样为圆形。南设三座门，门中上部黄与绿相互交织，十分美观。其正殿供奉祭天时所用神牌，上用汉字和满文写着"皇天上帝"。据石桥丑雄所讲，应将神牌当作神本身，而不是神灵附体。清代祭祀有两点与前代有所不同：一则祭祀仪式中加入祖先崇拜的要素，祭祀时同时供奉祖先神牌；二则皇帝亲自参与祭祀仪式。而在明代,大多是由官吏代替皇帝来祭祀的。

天子为参加祭祀仪式,从宫中移至斋宫,但在进入斋宫前,先在皇穹宇行礼。皇穹宇正殿为圆形建筑,汉白玉石台基,伞状似的逐渐收缩的圆形攒尖顶,殿檐覆盖蓝色琉璃瓦,蓝色墙身,四周绕有红柱。内部结构精致,为层层相叠的穹顶。正殿摆放神牌,前设香炉和祭器。

正殿两侧有东西配殿,东配殿供奉星辰诸神,西配殿供奉风雨诸神。皇穹宇环形围墙围住的区域,是根据回音效果所设。从南侧的门进入后,在中央的南北甬路上能看到三块石板,那就是三音石,站在第一块石板上拍手能听到一声回音,站在第二块石板上拍手能听到两声回音,站在第三块石板上拍手能听到三声回音。

皇穹宇的环形围墙能够反射声波,故而称为回音壁。在东侧的墙边小声说话,在距其直线距离六十米以上且有建筑物相隔的西侧墙能清晰听到。现在这里成了热门景点,但原本是为让仪式更加庄重而建造的。

祈年殿

祈年殿在成贞门以北,沿丹陛桥行走数百米即可到达。门东侧凸出的小型建筑是具服台,皇帝祭祀时在此更换礼服,现在这里变成了小卖店。令我印象深刻的是它的排水孔为石雕龙头,虽然在故宫经常看到,到了这里反而能更悠闲地欣赏。

祈年殿地基为方形,建筑为圆形,意味着天圆地方(参照本章首页照片)。登上台阶,穿过庑殿顶的祈年门,就能看见天坛内现存唯一一座明朝建筑。再穿过华丽的琉璃门,就能看到坐落在三层汉白玉基座的祈年殿,它是三重檐圆形大殿。祈年殿是天坛的主体建筑,据说在光绪十五年(1889年)被烧毁,虽按原样重建,但现在的设施体现的是乾隆时代(1736—1795年)的风貌,同时也有说法称光绪的重建丧失了原有建筑的风格。石桥丑雄感叹道,民国时期的补修让它的色彩变得更鲜明浓烈。身为后人的我们,除了接受别无他法。即使是这样,它也是北京现存最精致的独立历史建筑之一,这一点毋庸置疑。

这里殿檐覆盖三重蓝琉璃瓦,殿顶安放着巨大的鎏金宝顶。屋檐下以绿色、黄色彩绘点缀,与再往下的朱红色柱体一道,衬托得主体建筑格外夺目。立春时,皇帝在此供奉动物祭品、玉器、丝绸,祈求五谷丰登。虽不能进入内部观看,但门是敞开的,可看到红绿金蓝的色泽艳丽的精致拱顶。内围4根描金彩绘的红色龙井柱,代表一年四季;中间12根柱代表12个月;外围12根红柱代表12时辰,中层和外层相加共24根，象征一年二十四个节气。殿内地板正中是一块圆形大理石，带有龙凤花纹，称为龙凤石。正面石台上安放皇天上帝牌位，其周围有用于摆放祭品的石台和祭器。

现在，东西配殿分别为祭天舞乐馆和祭天礼仪馆展览室。圜丘和祈年殿的游客众多，但祈年殿回廊旁留有空白，这与故宫非常相似，在与建筑相对的地方，定能找到空白之地。

图 7-3 从花甲门看祈年门

祈年殿北面是皇乾殿，红柱搭配蓝琉璃瓦。祈年殿不举办仪式时，会将神牌摆放在这里。游客可在这里稍事休息，坐下后随笔写写路途见闻。

皇帝进入斋宫之前，在丹陛桥下轿，然后步行至祈年殿和皇乾殿进行参拜。祭典当日，皇帝从斋宫出发，乘轿到达丹陛桥南端，然后步行至祭坛行礼。丹陛桥长达360米，乾隆皇帝晚年时一路走来倍感疲惫。乾隆三十七年（1772年），乾隆皇帝年逾六旬，下旨在祈年门外西侧再开一门，免去徒步的苦痛。因六十岁俗称花甲，故而称之为花甲门。另外，乾隆四十六年（1781年），乾隆年逾七旬，又在皇乾殿西垣开辟古稀门。

北京,尤其是故宫和天坛,与乾隆皇帝息息相关,他的逸闻趣事颇让人感到些许人情味儿。他年老时仍然坚持亲自祭天,与其说是"任性",莫如说出于不愿怠慢祭天典礼的执着吧。他强调敬天,谕告后世后代,未满六旬者,不得路经花甲门,有寿登古稀者,方可出入古稀门。子孙中只有嘉庆帝一人年过六旬,使用过花甲门,未有皇帝"寿登古稀",古稀门在其之后也就未开启过。

七十二连房、七星石、双环万寿亭

祈年殿的东侧,是饲养祭祀用牲畜的宰牲亭,长廊将这些建筑相连。该廊以精致而广为人知,枋梁的基调为蓝白,共七十二间,俗称七十二连房。从东门进入,该廊便映入眼帘。这里摊贩云集,很是热闹。人们将两廊相连的栏杆当座椅,在此处打扑克、下象棋。

长廊的南侧草地上摆放七星石,为树木所环绕。乍一看,绿草地上的白石似羊群,若仔细观察,可看到石头面雕刻着传统的山纹图案。据说七星石是乾隆皇帝观风水后才摆放的。乾隆皇帝为了子孙后代的繁荣而在故宫和天坛摆放了很多造型吉利的物品,与其说这是一种自信的表现,不如说是对昌

图7-4 长廊
(七十二连房)

图7-5 七星石

图7-6 双环万寿亭。
从东南海拆建至此

盛繁荣现状难以永续的不安。

祈年殿庄重严肃，但其西侧空间相对轻松自由，有着市民公园的氛围。这里有一些从别处移建而来的历史建筑，其中双环万寿亭形状奇特、极富人气。据说，它原位于中南海，乾隆六年（1741年），乾隆皇帝为庆祝其母五十大寿而建。双环万寿亭由两座重檐圆亭套合而成，上下檐均铺琉璃瓦，并呈现出别出心裁的桃形，有和睦、吉祥、长寿之意。

其向东南两侧延伸的雅致绿柱与中心建筑双环万寿亭的红柱相互衬托，梁枋上的山水绘画极其讲究，与著名的颐和园长廊内多姿多彩的彩画故事相比，反而更令人感到亲切。长廊尽头有一座名为方胜亭的方亭，设计巧妙，以它为轴，长廊方向为之一变。同故宫、颐和园烦琐的布局相比，这样的简单设计反而更能体现清朝建筑构造之美，令人印象更加深刻。

第八章 水与园林
——北海公园与颐和园

北海公园的白塔

丰水之都

北京拥有众多湖池环绕的园林,迤逦秀美,也被称为"丰水之都"。然而,这并不是大自然的恩赐,而是长期以来人们不断努力的成果。在辽代,留存至今的莲花池是北京的主要供水源,但到金时,随着都城的不断扩张,饮用水供不应求就成了一大问题,于是从西面的永定河引来水源,为发展漕运,又向东开凿运河,开辟了一条经通州连接大运河的航道。

元世祖忽必烈灭金后,在营建大都之时,命著名水利工程专家郭守敬解决供水问题。郭守敬利用高粱河,将西郊玉泉山的水向南引,既保障了饮用水源,又接上了当时处于废弃状态的运河航段,恢复了漕运。但这样还不足以满足漕运所需水量,因此又恢复了金代因洪涝而封锁的永定河后段的航道;向北从昌平引水,开通了新运河——通惠河。这样终于使漕运通达大都,物资交易越发繁荣起来。

以玉泉山为源头,通过几座蓄水池和水位调整池将水引向位于东南方向的北京。这一航道的基本工程也是在此时开启的,即从颐和园的昆明湖,经由紫竹院公园、北京动物园,

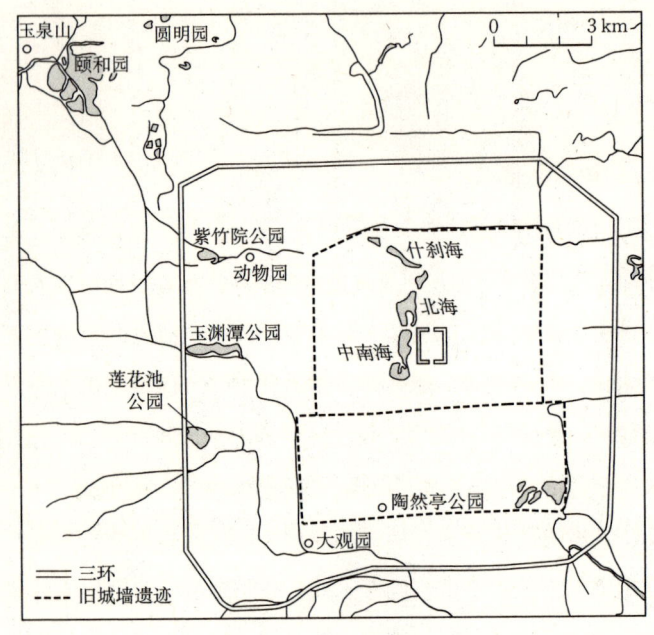

图 8-1 北京的水系分布

最终到达北海。

到了清代,随着航道的不断扩张,经由紫竹院公园、北京动物园北端,将水引至积水潭、什刹海前海、什刹海后海等兼具蓄水池功能的人工湖,开凿了从北海向南连接的中海和南海。

在北京近郊环水而建的离宫始于辽代,清代迎来鼎盛期,其风格不断走向现代化。其中,由于华北地区气候干燥,环境恶劣,因此对水源的需求只增不减。

北海公园

北海公园位于故宫西北方向,屹立于园中央的藏式喇嘛塔——白塔,远远望去十分引人注目。规模这么宏大、风光绮丽的公园在北京也属少见。北海公园起源于辽代兴建的离宫,在金、元、明、清得到了继承与发展。成吉思汗将公园中央的人工岛——琼华岛赐给了为元朝做出巨大政治贡献的长春道人丘处机,并在岛上建了道观。后来,忽必烈登基后,也曾住在琼华岛。元代称琼华岛为"渎山",意为水流中的山。

如今的北海公园由湖(北海)、有佛教寺院的岛、南岸团城、北岸园林建筑群等多个部分构成。公园有前门(正门)、西门、东门、后门(北门),按照顺序,还是推荐从正门进。走过西侧的公道桥(文津街),便是西门,从西门进入并不能到达岛上,因为只有沿湖的西岸北上这一条路,所以最好把西门当作出口。门票分两种:购买通票可游览全园;只购买入园门票,则在参观琼华岛或乘坐北海游览船(有季节限制)时还需另行购票,可根据个人情况进行选择。

首先,正门左侧是团城。正如字面意思"圆形的城",金

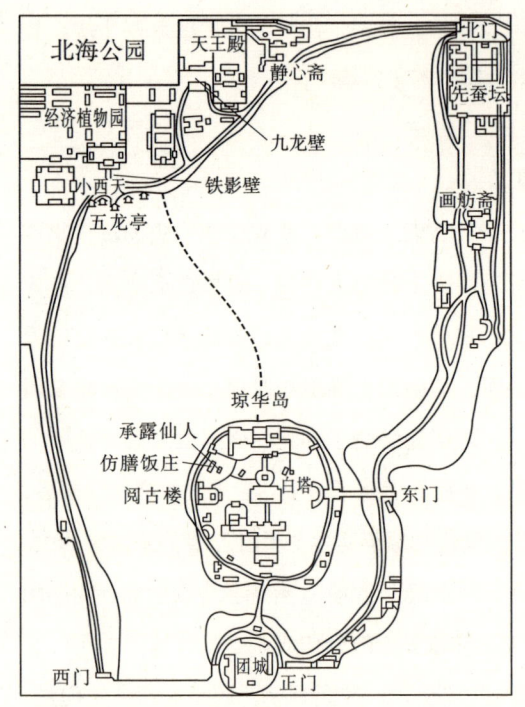

图 8-2 北海公园

代用作"御苑",团城原是一座小型城塞,砖石城墙高 4.6 米,周长 276 米,呈椭圆形,据说在忽必烈时期是座小岛。汉语中的"城"一般是城市的意思,但这里特指城塞本身。参观团城虽然需要另买门票,但确实物有所值。踏上城墙内部的隧道状台阶,便可到高地。下面通有公路,颇似走进了东京高地上的神社院内。这里游客稀少,在北京这样人口繁多的大城市,仅凭这一点就足以令人放松。

琉璃砖砌成的玉瓮亭里陈列着一件瓮状的硕大玉雕——"渎山大玉海"。这是中国最大的玉雕,直径1.5米,重达3.5吨,是元代至元二年(1265年)制作的一件青白玉制酒器。它用一整块黑质白章的大玉石精雕细琢而成,周身雕刻波涛汹涌的大海,浪涛翻滚,旋涡激流,气势磅礴,在海涛之中,又有龙、猪、马、鹿、犀等神异化动物游戏其间,一副活灵活现的龙宫世界景象,神秘莫测。

马可·波罗曾生动描绘过元世祖忽必烈向硕大酒器盛酒大宴群臣时的场景,渎山大玉海或许就曾出现在盛大宴席上。

图8-3 北海公园里的月亮门

元世祖忽必烈将它收在琼华岛广寒殿中，元代灭亡后一度不翼而飞，后来流落到北京西华门外的真武庙中，被道士当成菜坛子腌咸菜用，直到乾隆十年（1745年）才找回。

玉瓮亭后面是承光殿，殿内供奉着一尊从缅甸迎奉来进献给慈禧太后的白玉佛。1900年八国联军侵略北京时，将玉佛身上的宝石洗劫一空，还在玉佛左臂上留下了刀痕。玉佛五官端正，通体莹润、玉如羊脂，面露哀容。

承光殿旁的白皮松笔直挺拔，极为美观，据说为辽金时代所植，曾被乾隆皇帝御封为"白袍将军"。

琼华岛及其周边

穿过公园正门，正面便是永安桥，过桥可到琼华岛。若经过团城从北门可直接行至桥畔。

琼华岛周长880米，左侧湖旁建有数家饭庄，还停有游船。冬天滑冰，其他季节乘船观赏，别有一番人民公园的欢乐韵味。我在依水而建的饭庄外，找个位置尽享着迟到的午餐，在炎热季节再喝上点啤酒。中年妇女则围坐着喝茶，嗑瓜子，相谈甚欢。

对面就是琼华岛，也叫白塔山。清朝入关后的第一位皇帝顺治帝下令建造的藏传佛教寺院永安寺里，建在山顶上的

图 8-4 山顶的白塔

白塔远远望去十分引人注目。穿过山门,沿着山坡依次建有数栋寺院附属建筑,山顶便是白塔。山高 45 米,登顶沿途看到的每栋建筑都独具匠心,时有用于冥想的岩洞,城墙处还建有亭子,缓缓登山,如同游览圣地,百看不厌。

登到山顶,视野立刻开阔起来,东面是景山,从这可看到南面相连的故宫。南面可清晰地看到中海的水中亭。对面的西岸应是清朝用于招待外国使节的紫光阁,由于树木茂盛难以断定。隔湖远眺,可以看到人民大会堂,其西侧是国家大剧院,由法国人主持设计,银色的半椭球形外观与周围建筑总给人些许违和感。

转到北侧从下往上仰视白塔山,可以清晰看出这是一座人造的假山,由石块层层堆积而成,规模庞大。琼华岛本是仿照古代神话中"一池三山的瀛岛"而建,是人们在凡间建造的仙境。从山顶俯瞰白塔内侧,可见一个太湖石堆砌而成的人工洞穴,名为"琼华古洞"。它建于金代大定六年(1166年),全长200米,西起酣古堂,东至盘岚精舍,为仙人居所。白塔里侧是岩洞入口,需要另行购票方可进入。岩洞内以十二生肖、六十甲子布局,感兴趣的游客可以根据自己的生肖属相找到自己的守护神。不过,最近在洞窟内装有声控灯,人一走近就自动亮灯,或者播放节奏韵律感十足的音乐,简直成了现代风格的中国魔幻公园,与幽邃背道而驰。

也可选择不穿过岩洞,而是沿着长长的回廊顺势走下陡坡。这样更能让人感受到这座假山由太湖石堆砌而成。秋天的一个黄昏,在下山途中一个类似凉亭处,我遇见了一对带着孩子的年轻夫妇。一家三口其乐融融,相互搀扶着下山的情景,令人不禁莞尔。

从地图上看,琼华岛呈现不规则的形状,但从卫星照片来看,极像龟壳上的长六边形,可明显看出是座人工岛。走到湖岸,漪澜堂便映入眼帘,这是一个有着宛如裙褶般的长排平房建筑,其中部分现在为专营宫廷风味的仿膳饭庄。靠西是阅古楼,楼内藏有刻于495块石上的135位历代书法家的 340 件作品,其中包括乾隆帝藏于故宫养心殿三希堂的 3 件作品的摹刻。

这时向西看,柳树成荫环绕湖畔,又可回到对面。

在饭庄后山不起眼处有座"仙人承露盘"石像,铜质仙人高举大盘。它是乾隆帝依据汉武帝刘彻为求长生不

图 8-5 仙人承露盘

老,服用盘接的天降露水物件仿制而来。乾隆帝也是为装点园林才修建了这座仙人承露盘,虽然在入口处也看到了指示牌,但是寻找起来却非常困难。而且,从朝向西北方的五龙亭望过来,对面被树木遮挡,铜像也时隐时现。我当时有些较真,非得看清不可。一个晚秋的雨天过后,我特意去了一趟,这次没有扑空,眼前的铜像五官端正,一副已超越喜怒哀乐的表情。

返回北海湖岸,由东侧向北出发,右侧可以看到湖水环

绕其间、美丽壮观的画舫斋，右侧红墙内即是先蚕坛，皇后在阴历三月祭祀蚕神的地方。

在中国，皇帝统领农业，在祈年殿祈祷农业丰收，皇后负责养蚕。

再往北走，靠近北门的是静心斋和园林。静心斋可谓北海公园内最美的园中园。它建于乾隆二十二年（1757年），是皇帝游乐和读书的地方，被后人誉为"乾隆小花园"，宛如一处太湖石假山、碧水、走廊、建筑相得益彰的世外桃源，不像故宫内的庭院给人压迫感。从最北侧略高点的走廊往外看，正下方地安门西大街车水马龙，络绎不绝，这让我再次领略到了城市中的另一番天地。

静心斋西侧是佛教寺院——天王殿，内有西临高5米、宽27米的彩色琉璃砖双面九龙壁。原本是佛教寺院大圆镜智宝殿的照壁，大正八年（1919年）被烧毁，只留下残壁。现存的九龙壁只有三座，其他两座分别位于大同和故宫，其中，只有这座九龙壁双面都刻有九龙。九龙壁单独建立在室外，进一步凸显出墙壁的美观，甚至超越了故宫的九龙壁。

再向西走，走到湖岸的乘船处，红褐色的铁影壁映入眼帘。它本是元代一座寺院的照壁，后来迁到此处，是为数不多的元代遗物之一。火山岩石雕的狻猊神兽形如狮，雄浑有力的外观设计给人一种强烈的异文化体验。

五间亭子伸入水中,总称五龙亭。五亭皆为白石筑坛,朱红色主体配以绿琉璃瓦顶。秉持"天圆地方"的思想,四条柱子搭配重檐圆顶。大小相同的建筑如展翅般错落,欣赏的角度不同,会发生微妙的变化,蔚为壮观。

中南海

南面与北海公园相连的中海和南海,过去曾是离宫。民国以后,在此设立政府机构,如今依然是中央政要的居所,并不对外开放。但是,最近据有些中文导览书称,中南海周末部分对外开放。我还没有去实地考察,不过,这说明中南海已经在考虑对公众开放了。下面,我将就着20世纪50年代的地图来介绍中南海。

中南海的正门是面向南面长安街的新华门,不远处便是南海,湖上四面环水的人工岛便是瀛台,光绪帝曾

图8-6 从北海公园遥望中南海。前为团城,中为水中亭,远处的圆形屋顶建筑是国家大戏院,左侧是人民大会堂

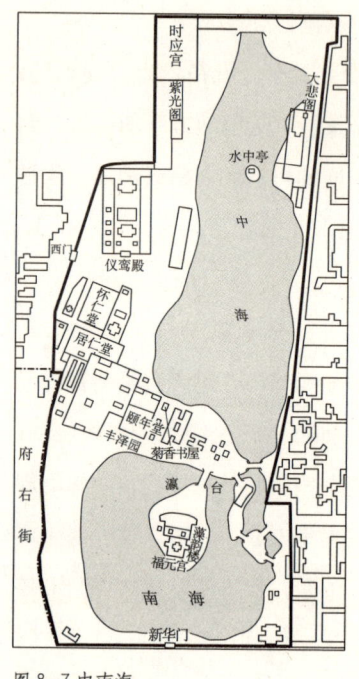

图8-7 中南海

被幽禁于瀛台的藻韵楼。民国时期在此设总统府。

位于中海和南海衔接处的，是毛泽东主席的故居——丰泽园，所悬匾额"丰泽园"三字为乾隆御笔。人民大会堂建成前，毛泽东都会在颐年堂召开会议，会见外国使者。后面的怀仁堂是毛泽东的藏书室，"菊香书屋"（松柏书屋）在丰泽园东侧三间并排的房间中最靠北，是毛泽东的起居室。不过，若根据毛泽东晚年身边的工作人员回忆可以看出，晚年的毛泽东经常把新设的室内游泳池当成自己的卧室来休息。

靠近中海西侧的北海的宏伟建筑是紫光阁，清朝末期为接见外国使者和举行匹敌武士科举的武试场所，也曾接见过琉球使节。现在从航拍照片上看，在中南海成为中央办公居所后，新建了许多建筑，但具体情况不得而知。

160

走进颐和园

坐落在北京西郊的这座园林起源于明代的离宫,为庆祝母亲孝圣皇后六十大寿,乾隆皇帝将这里改建为清漪园。它以孝圣皇后钟爱的杭州西湖为蓝本,汲取了江南园林的设计手法。漪为波纹、涟漪之意。万延元年(1860年)第二次鸦片战争期间,清漪园被英法联军全部摧毁,之后慈禧修复此园,至此更名为颐和园,为"颐养太和"之意,亦有"颐养太和,保养元气"之意。

慈禧出身满族,叶赫那拉氏,为咸丰帝妃嫔,生皇长子载淳。1861年咸丰帝驾崩后,皇长子载淳即位。后联合恭亲王奕䜣发动政变,诛杀先帝爱臣,改年号为"同治",同时联合慈安太后辅佐幼帝、垂帘听政。她作为皇帝的生母,被尊为慈禧,称西太后,与东太后(慈安太后)相对。

同治帝崩逝后,慈禧为维持自己的权力,无视皇位的继承顺序,强行择其侄子光绪帝继承皇位,联合慈安太后,再度垂帘听政。慈安太后去世,1884年恭亲王奕䜣也失势,慈禧开始独揽大权。1889年光绪帝成年,归政于光绪,她退隐至颐和园,修建颐和园的费用就是慈禧挪用的海军建设费。

以上对慈禧的描述或许过于片面了。同治时代,她曾任用曾国藩、李鸿章等汉人官员,镇压了太平天国等反抗势力,使朝政稳定；光绪时期，曾国藩等洋务派官员希望通过在国内开展军事、技术的近代化维持清朝帝制，她利用洋务派与保守派的对立，维护了自己的绝对权威，对外在给予列强权益的同时，也尽力维护本国的权威，其手腕堪称干练。

但随着甲午中日战争的战败，国家危机四伏。变法派将希望寄托在年轻的光绪帝身上，力求实行君主立宪，由此，紫禁城皇帝与西郊颐和园离宫慈禧两大势力形成了对抗。1898年，变法派推行政治改革，但慈禧借用袁世凯武力发动政变，囚禁光绪帝，开始第三次垂帘听政。1900年，反抗西方列强的义和团运动爆发，慈禧对洋人本就没有好感，便利用义和团向列强宣战。但后来包括日本在内的八国联军进攻北京时，她又开始担忧西方列强会不会拥护对西方抱有好感的光绪帝而抛弃自己，因此携光绪帝逃亡西安，将珍妃投入紫禁城井中也发生在此时。

后来，慈禧转为讨好西方列强，镇压孙中山等人发起的推翻清政府的革命运动，同时试图立宪。1908年，慈禧选择年仅三岁的溥仪继承皇位，不久因病驾崩。

颐和园与这位个性鲜明的历史人物紧密联系在一起。从北京市中心向西北方向行约15千米，就可抵达颐和园。作为旅游景点，这里每天游客络绎不绝，热闹非凡。交通方式

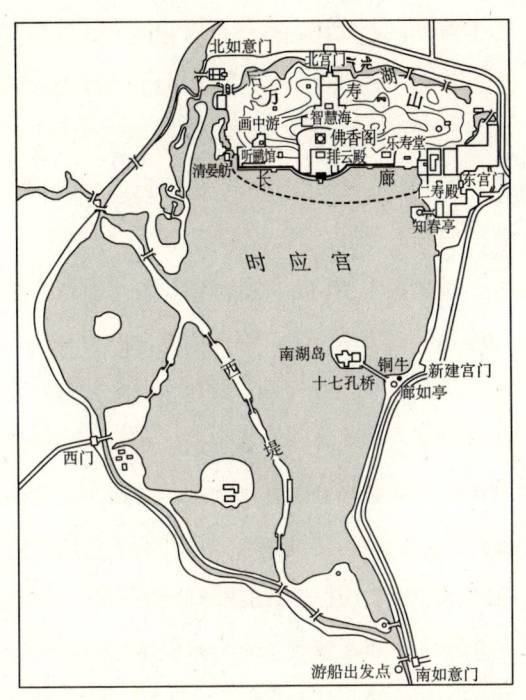

图 8-8 颐和园

以乘坐公交为主,最近在春夏秋季,还开通了水上游览路线,颇具风情。

  水上游览路线共有两条,分别为:从动物园内向西经由紫竹公园路线,以及从玉渊潭公园南侧(即八一湖)的码头处始发的路线。与吸着汽车尾气的陆上交通工具相比,水上路线能够一路享受凉风吹拂,乘船抵达昆明湖南码头,真是心旷神怡。动物园路线还可以穿梭于紫竹公园北侧美妙的柳荫间，让人回味无穷。不过，由于水位关系，有时需要中途换乘。两条线路均是从昆明湖畔出发，从南门便可搭乘。

颐和园占地290公顷，占总园面积四分之三的昆明湖一带的园林美景给人印象最深。

乘船进入南门，尤其能够让人尽情领略昆明湖美景。南门在昆明湖南端，进门后美丽的白石桥——绣漪桥便映入眼帘。沿湖东岸向北漫步，可到连接南湖岛的十七孔桥。尽情欣赏完十七个桥孔后，就来到了南湖岛。桥畔南侧建有廓如亭，又称八角亭。可在亭中远眺桥和湖面，稍作休息。桥北侧有一座生动活泼的铜牛塑像，据说有镇水效果，便将其放在这里。牛背上还铸有由乾隆皇帝撰写的80字铭文《金牛铭》。

再向北走，就到了正门入口东官门，附近是与慈禧太后相关的建筑群。置身昆明湖，湖的东面是仁寿殿，殿前是一座麒麟铜像。仁寿殿是慈禧接见外国使节之地，里面设有宝座。

仁寿殿后面是朝南而建的玉澜堂，也是囚禁光绪帝的地方。春天到仲秋，慈禧太后一般都住在颐和园。玉澜堂有四间主殿，左右各有一间配殿。东西配殿的内部、正殿玉澜堂的背后建有灰色琉璃瓦墙。现在都能感受到慈禧太后当年的恶意。

颐和园靠南是知春亭，可纵眺元朝丞相、契丹族人耶律楚材的祠宇和全湖景色。北侧的德和园中建有大戏楼，是仿照故宫畅音阁而建。也许是周围空间大的缘故，三层大戏楼似乎比畅音阁大很多。演员们在代表人间、仙界的双层舞台上表演京剧，可谓蔚为壮观，戏楼的对面是慈禧看戏的场所——颐乐殿。玉澜堂北侧的乐寿堂，是慈禧日常起居的地方。

从颐和园建筑群出发，沿昆明湖北岸向西，便是颐和园长廊，以其精美彩画而负有盛名。要欣赏长廊，必须穿过进入长廊的圆弧形门。这种样式的门称为"月亮门"，经常出现在中国园林中。通过剪切圆形，营造出一种虚幻的空间感，宛如走进另一个新世界。从这里，我们便走进了以佛香阁为主的佛教世界（图8-9）。

图8-9 清晏舫（石船）

跨过门，便可看到绵延不绝的长廊，长廊总计273间（约728米），廊间的枋梁上绘有神话以及《三国演义》《西游记》《红楼梦》等为题材的彩画，共有8000余幅。廊中夹亭，经长廊面向湖面的突出部分，可到万寿山和石船（石舫／清晏舫）。

顺着长廊继续往前走，来到右手边的听鹂馆，这是一座小型的双层建筑。鹂是黄莺的一种，在建造德和园大戏楼之前，慈禧一直在这里听戏，因时常伴有美妙的黄鹂鸟叫声得名。如今，听鹂馆已成为一家雅致的宫廷风味饭庄，背靠"画中游"建筑群，在这里可俯瞰昆明湖，湖山真意，宛如遨游画中。连接双层石船的长廊，匠心独运，风雅至极，只欣赏外观就已觉甚是欢喜。

长廊的尽头是著名的清晏舫，是一座水上建筑——石船，由乾隆帝所建。1860年英法联军入侵时，舫上的舱楼部分被毁。后来慈禧将其改造为双层西式楼阁，在白石上绘就红花绿草、藤蔓花纹，同时玻璃彩画搭配西式扶栏，尽管稍显不协调，但给人一种险中含美之感。最近已不允许游客进入石舫。

佛香阁是离宫中佛教元素的集成建筑，屹立于北侧山麓，正处在颐和园长廊对应的中间位置。"云辉玉宇"牌楼（类似装饰用的门）临湖而建，山脚下布局排云殿，背后的山腰是白石堆建的大型地基。在这之上，一座高41米、每层长廊环绕的八角宝塔形三层建筑优雅地盘踞在半山腰上。朱红色大柱与栏杆，黄、绿两色琉璃瓦，配之塔顶宝珠显得熠熠生辉。佛香阁宝塔是仿钱塘江对面的六和塔建造而成。佛香阁是颐和园的主体建筑，对面水波荡漾，君临白色城塞似的地基，美景尽收眼底。

从这里开始登山，途中远眺的昆明湖依次与南湖岛、"云辉玉宇"牌楼、排云殿相连的南北基融为一体，姿影俊秀。越向南走，昆明湖变得愈狭窄，这样在佛香阁上俯瞰全景，视角不断延伸。湖的西侧建有长堤（西堤），使其与湖水分开，可多维度地欣赏美景，这一点也是仿杭州西湖而来。

佛香阁背靠的万寿山顶上建有一座瓷砖建筑智慧海。由于智慧海并未使用一根木料，所以也通称为"无梁殿"。建筑外层装饰佛像浮雕，内部放有菩萨像，意为这座山的斜面是佛的国度。由此，佛香阁形成了离宫的主体部分，也是佛教的圣地。山的北斜面是另做区划形成的四大部洲[①]，是饱含曼荼罗思想的藏式佛教建筑群，1860年被英法联军烧毁，1984年重新修缮。

[①]得名佛教中在须弥山周围咸海中的四大洲，是十法界中人道众生居住之地，又称四大洲、四天下、须弥四洲。

万寿山北侧的山麓建有苏州街，面向曾引昆明湖水的后海，由乾隆皇帝仿江南水乡风貌而建——面河两岸，商肆林立，活像游幸平民百姓的买卖街。如今，此地为游客提供只限本街区使用的仿制清朝货币，商店的店员也身着古装。苏州街北侧是北宫门，出了北宫门，就有公交返回市内。

颐和园实在太大了，仅去一次无法览尽美景。它就像一座放大版的日本回廊式庭园，移步换景，绝不会令人厌倦。随季节而变的自然风景也是妙趣十足。我最爱在早春时节南湖岛的白木兰绽放之际至柳树现青之时，在十七孔桥附近或是在知春亭眺望湖景。

此外，最近还增加了从石舫附近出发，前往南湖岛、十七孔桥畔的观光船。游览完毕后乘船返回也是一个不错的选择。

圆明园遗址

颐和园以东、北京大学和清华大学附近还有一座园林——圆明园。那附近是北京的水源丰富地带，统治者从金代开始在这里营建离宫，康熙帝又命令修缮荒废的离宫，之后，历经150年规模不断扩大。

圆明园由圆明园、万春园（绮春园）和长春园组成，

1860年第二次鸦片战争,被英法联军再次放火彻底烧毁。尽管现在正在修复部分建筑,但圆明园往年风姿不再。北京大学西门遗留下来的湖水环绕的美丽园林,也保有离宫余韵。

如今,从历史角度最受瞩目的,是位于东门后的圆明园遗址(西洋楼遗址区)。

1740—1747年,乾隆帝命耶稣会士郎世宁、艾启蒙、蒋友仁等人设计督造,建成西洋楼。西洋楼东西狭长,建有"谐奇趣"、"万花阵"迷宫、"方外观"、"海晏堂"等。"清帝坐于宝座之上,望见左右两边几座小喷泉的中央喷出金字塔状水柱,正面可看到打斗嬉戏。它们的安排布置,颇具匠心。水喷出后,可观赏到湖内、岸边、岩顶等地点散布鱼、鸟等动物打斗的野趣。"(《耶稣会士中国书简集》)

此外,建有喷泉时钟,十二兽轮流喷泉,

图8-10 圆明园遗址

宣告时间的流逝。现在仍残有荒废的希腊风石柱和台阶，略有卫城风韵。

遗址之所以越发荒废，也有火烧圆明园后国人搬走石材的原因。不过，原封不动地保存遭受劫掠后的废墟模样，正体现了中国人正视历史的坚强意志。

圆明园废墟还让人有一种幻灭感。统治者想在中国再现欧式建筑，但这脱离了当时的社会发展，最终不过沦为统治者的一种娱乐与自我满足。

其他园林

北京市内，西有玉渊潭、南有大观园和陶然亭公园，民众可尽享山水风光。玉渊潭起源于金代的离宫，现在已成为市民休憩的公园，园内有一引玉泉山水形成的湖，湖水东流汇转旧城内外。湖东侧是钓鱼台，那里有接见外国政要的钓鱼台国宾馆。

陶然亭公园最早曾是高级官员的私人园林，如今已成为市民公园。大观园是仿造《红楼梦》中的大观园而建的仿古园林，1986年正式开园，深受中国人欢迎。人们置身园中，想象着《红楼梦》中人物以及书中的情景，乐此不疲。

第九章　西山脚下
——郊外风景

卧佛寺的参道

玉泉山上塔

从北京市区一眼可望见西面峰岭绵延,总称为西山。相传金章宗在此设立燕京八景之一的"西山积雪",使得北京周边的风景名胜与季节感相得益彰。对于长居平原城郭的人们来说,欣赏从北至西绵延不绝的远山美景令人心旷神怡。南北相连的西山是太行山的一条支脉,纵深高耸,也是北京重要的水源地,如今成了市民们休憩的场所,也是一个别致的游览地。

从北京五环向西,西北角开始便属西山,但最先映入眼帘的是号称"西山前卫"的玉泉山,坐落于南北峰岭的两座石塔高耸而立。

靠北的塔是玉峰塔,塔高40米,在此修有香岩寺,玉峰塔是一座八角形建筑,上下共七层,檐角下悬有风铃,各面都开有漏窗。对我们外国人来说这是典型的"中国式"宝塔,容易让人联想到中国风的皿状物,它是按照江苏省镇江市的木制建筑——慈寿塔的样式建造而来,不同的是玉峰塔为石制。玉泉山南侧建有另一座白石华藏塔,与玉峰塔相对,华藏海禅寺就在此处。

玉峰塔仿八角形的七层木塔而建，但未开漏窗而是设以精细雕刻，各层都匠心独运，雕有佛像、佛教神话、民间故事等。

玉泉山位于颐和园西面，置身园内可远眺昆明湖彼岸，宛如已化身园林的一部分，可谓一种巧妙的借景法。玉泉山内修建宝塔，与其说是大自然的造化，不如说巧夺天工更为合适，抑或说愈来愈走向园林化。

玉泉山内的喷泉，泉水源源不断，过去曾是北京重要的水源地。相传清朝皇帝们的饮用水都是每天特意从玉泉山取下来的。

卧佛寺和植物园

西山的风景名胜中，我个人非常喜欢静谧的卧佛寺，紧靠五环外。这里的来访游客众多，因此，北京植物园的扩建规模也越来越大。卧佛寺位于纵贯植物园的直行道靠里，但首先必须进入植物园。

植物园占地面积400公顷（约天安门广场十倍），天然绿地200公顷，非常辽阔，植物种类达3000—5000余种，此外还有大型热带植物温室展览区。

卧佛寺始建于唐代，原名兜率寺，几多变迁后，正式改名为十方普觉寺。元代至治元年（1321年）建造的大型释迦牟尼卧像成了寺院的通称。

从植物园入口直向北1000多米，来到了参天古柏林立的静谧参道。穿过绿黄相间的琉璃牌坊（请参照本章前的照片），左右两侧建有鼓楼和钟楼，再往前走有三座主要建筑。第一座建筑的前庭种植着两棵从印度移植的沙罗双树，内部是四大天王像环围着弥勒佛像。下一建筑坐落着带领十八罗汉的释迦、阿弥托、药师如来像，最里面是三间堂宇，里面放置着巨大的释迦牟尼像。释迦牟尼像头朝西，脸朝南横躺，右手弯抬支起脑袋，左手顺势伸展，双眼眯缝，此即释迦涅槃姿态。其背后站立着十二圆觉菩萨像守护。释迦牟尼像高53米，铜质打造，全身涂漆。

顺便一提，在北京我看到的寺院中，许多都是把弥勒佛像放在入口处。弥勒佛像大多是大腹便便，背着布袋子的形象。由于布袋和尚是唐末时期的禅人，民间认为其是弥勒佛的化身，这虽让我觉得有些不可思议，但是和日本广隆寺中的弥勒佛像安静冥想的样子不同，中国的弥勒佛像则给人一种祈求金钱财富等现世理想之感。

参天古柏、红柱林立的寺院内确实有一种佛教寺院特有的静谧。寺院东侧的部分僧房改造成宾馆，我曾参加某学会在此举行的庆功宴,还住了一宿。保留僧房原有风格建成的宾馆,周围绿树环绕,长廊相伴,遍布石阶。在这样的庭园里住上一宿,恐怕这种回忆至今都让人难以忘怀。寺院背后向西北延伸、长达1.5千米的溪谷为桃花沟,也是北京的一片水源地,溪水清澈见底,静静流淌,幽邃静谧,成了广大市民们游览出行的好去处。

寺院向前东缓坡处,令人有些吃惊的是,这里建有清末立宪派的主要代表人物梁启超先生(1873—1925)的墓地,墓地系西欧现代风,十分豪华,但由于周围荒草杂丛,鲜有人迹。

此外,植物园内建有《红楼梦》作者曹雪芹先生的纪念馆,馆内主要展示着他晚年的生活家景。

碧云寺与孙中山

植物园入口附近的西侧山麓,建有碧云寺。长长的石阶参道,别有一番日本神社佛阁门前町的韵味,土特产、小吃店到处都是。寺院兴建于元代,如今的主体建筑建于清朝1748年。

入口附近是中式佛寺,从东至西依次是天王殿、弥勒佛神像、菩萨殿。菩萨殿里侧是孙中山纪念堂。1925年,孙中山留下"革命尚未成功"的遗言,在北京与世长辞,遗体在1925—1929年保存于碧云寺。灵柩安置在更靠里的正殿,指示牌上称如今存放的是先生的衣冠。之后才修建了纪念堂,堂内展览着大型的先生半身像和照片。

建筑左手边陈列着五百罗汉像的罗汉服,加之七尊菩萨像与弥勒佛像,共计佛像508尊。它是仿杭州净慈寺的罗汉堂而建的一座方形建筑,从屋顶的四扇窗照入的柔光,使高约1.5米、身披金箔的罗汉像熠熠生辉。这尊生动活泼的雕像让我想到了我的朋友,日本的佛像也是如此。

迄今为止我所见过的通常是中式寺院,再穿过三个牌坊,缓慢拾级而上,前方的金刚宝座塔高耸而立,因起源于印度,风格和中式建筑迥然不同。塔身雕琢精细,方形的白石塔座上,几座宝塔巍然耸立,宛如曼荼罗几何形状。该塔高达34.7米,远远望去穿过绿荫,塔姿依旧清晰可见。方形基台上下共三层,两层四角塔座精雕细琢。接着沿内侧的石阶而上,就来到了台地。台地的出口通向一座方形宝塔,左右各配有圆瓶似的藏式喇嘛塔,台地周围石栏环绕,除喇嘛塔外还有五座方塔耸立。每座方塔都有13层,四座小塔环围一座大塔。若天气晴好,置身台地俯瞰,可俯瞰整个北京。

和金刚宝塔非常相似的是位于北京动物园附近的五塔寺

（北京石刻艺术博物馆）。

香山公园

香山公园包括香炉峰（香山）及香山山麓地带，从地图上看，碧云寺也属于香山公园的一部分。

香山公园附近是自金、元代开始修建的离宫和寺院，清代建有皇家狩猎场——静宜园。乾隆帝时期猎物不断减少，便命令修建二十八景，使其园林元素更为丰富。不过，到了19世纪因其不断荒废，加之第二次鸦片战争和1900年义和团运动，香山公园受到了彻底的破坏和劫掠。

最近开始对部分建筑进行修缮，入口处到香炉峰都通有缆车，宛如游乐园。香山山顶又称"鬼见愁"，西侧水流向园内，也是北京的一片水源地。昭庙是一座藏式建筑，为1780年班禅额尔德尼来京时所建。西侧有金琉璃瓦建造的七层绝美琉璃塔，每层悬挂的青铜钟随风而鸣，世人皆有耳闻。

香山寺如今只残存有依斜面而建的五层木制台地，园内的香山饭店前身系行宫遗址。

双清别墅内还设有小庭园，湖水围绕其间，优雅恬静，园内展列有中华人民共和国成立前夕，毛主席专注于筹备建立新中国工作的照片。

西山八大处

沿着由西山南麓、东面卢师山、北面平坡山、西面翠微山环抱的溪谷，零散分布着八座小型的禅宗寺院，总称"八大处"，清代已基本定型。北京藏传佛教寺院众多，但禅宗寺院却很少。

最靠近入口处，位于翠微山麓的是长安寺（一处），再沿河流西岸走一千多米就来到了灵光寺（二处），相传这里由佛陀的一颗灵牙化成。灵光寺历史悠久，唐代修建了第一座寺院——龙泉寺。辽代咸雍七年（1071年）修建了"招仙塔"，塔中供奉着相传辽国丞相之母从印度带来的佛牙。寺院名称几经变迁，直至1478年才改成如今的名字。

1900年义和团在灵光寺设坛反抗，但由于他们严重排外，残杀附近的基督教徒，八国联军入侵北京，在德美军队的炮火轰炸下，寺院化为废墟，宝塔也惨遭摧毁。但是，僧侣们在清理瓦砾时，发现了记录创建寺院渊源的露盘和沉香檀木匣中存放的释迦牟尼的一颗佛牙，相传上面用其他语言写着"释迦如来灵牙舍利"，暂时收藏于佛教协会总部的北京广济寺，中途一度奉还给缅甸，如今藏于1964年新建的"佛牙舍利塔"中。

该塔高50米，塔基雕有白玉石佛像，八角形十三层檐顶盖有蓝色琉璃瓦，外观绝美而雅致。由于修建了这座宝塔，灵光寺成了现代佛教的中心，1998年为佛教传入中国2000年，此地还举办了隆重纪念活动。公元前2年大月氏使者经口述传佛教经典，佛教得以最初传入中国。

此外，还有三山寺（三处）、大悲寺（四处）、门前有喷泉的龙王堂（龙泉庵 五处）、香界寺（六处）。八大处中规模最大的当属乾隆帝修建的行宫——香界寺。

宝珠洞（七处）所处地理位置最高，一佛教高僧在洞中圆寂。证果寺（八处）位于稍向下的卢师山半山腰，相传背后的秘魔崖洞窟是唐代一名叫卢师的高僧修行的地方。之后，元代修建卢师寺，几经变迁，直至明代才定下现在的名字。

卢沟桥畔

沿五环南下，京石高速公路一带便是永定河。这里行政上隶属北京市区的最南端（丰台区），河上架设的正是卢沟桥，白石栏杆上石狮子形态多姿，总计485个。附近自古以来就是交通要塞，过去卢沟桥是木桥，金代明昌三年（1192年）架设了如今的石桥。元代马可·波罗见到此桥后赞叹不已，称"卢沟桥是世界上最美的桥"，后来欧美将其称为"马可·波罗桥"。

卢沟桥全长260.5米，由11个桥拱组成。如今，将机动车的通行移至下游架设的新桥。卢沟桥陈朽化严重，很多地方需要修缮，桥中间处的石块残留磨损严重。来访游客众多。如今此桥在当地人们的生活中仍发挥着重要作用。

附近是观月名地，也是"燕京八景"之一的"卢沟晓月"，桥东侧立有乾隆帝御笔的石碑。桥的正对面是宛平城，经修复后，才开城郭西门（威平门）。

图9-1 卢沟桥畔的"卢沟晓月"碑（乾隆帝御笔）

1937年7月7日晚，在此发生了引发中日战争导火索的事件，中国称其为七七事变，日本称为卢沟桥事变。当天晚上，日本侵略军在附近进行挑衅演习，一声枪响，正准备点名时发现一名士兵行踪不明。实际上那名行踪不明的士兵去小便，稍后又回来了。但日军却认为是敌军来袭，便和宛平城内的中国军队交战，并侵占了宛平城。

此后日军以协商解决为缓兵之计,但战线再次扩大,最终在未宣战的情况下,直接进入了全面战争。宛平城中建有中国人民抗日战争纪念馆(参见第 11 章)。

石经山与佛教镇压

环游西山寺庙,给人一种中日皆佛教兴盛的错觉,但实际上中国曾多次进行过佛教镇压。而云居寺的石经山(房山区南尚乐乡水头村)则因僧侣们一心通过篆刻佛经以传承后世得名,佛教僧侣们心中的殷切执念令人敬佩。云居寺位于从北京市区向西南约 75 千米,比周口店北京人遗址更靠南。如今附近一带已属于太行山系,佛教寺院零散分布在葱郁的深山密林中。

云居寺可追溯至隋朝,从那时起开始将收集的佛教经典刻在石头上。后继唐、金、元,直至明代崇祯年间,时间跨度长达 1000 多年,最终在 14278 块石头上篆刻了 1122 部共计 3572 卷佛教经典。房山附近石材充足,可谓建造故宫所用的白石产地。

寺庙建在缓坡上,许多建筑整齐划一,规模巨大,但遭到日本侵略军的空袭,后来陆军焚烧寺庙,许多建筑化为废墟。如今的建筑是由 1966 年重新修建而来的。想起深山里遭受如此惨重的战乱时,我们必须反省日本曾给中国带来的深重灾难。

卢沟桥事变后,国民党在此不断抵抗,9月攻占了房山县城。之后,结成"华北抗日救国同盟军"武装组织,展开了游击战。号称十万大军的同盟军司令部占据云居寺,由此成了敌人的军事目标。

图9-2 云居寺的北塔

1939年云居寺遭受两次炮轰,抗日救国同盟军在采取军事行动的过程中惨遭破坏,撤离了该地。第二年八月中旬的秋季大讨伐中,云居寺已荒无人烟,日本侵略军入侵云居寺,放火焚烧,寺内许多建筑被烧毁。

而仅有北塔幸免逃过了此劫。北塔别名罗汉塔,是辽代的佛教砖塔,在采光窗八角形的两层建筑上建有长尖形圆顶,形态质朴。此外,周围残存唐代景云二年(711年)、太极元年(712年)、开元十年(722年)等纪年的小型宝塔。其中,景云二年的四角小型宝塔是北京附近最古老的塔。

保存石经的石经山位于寺庙右手边，俯瞰溪谷，在山顶附近建有九座藏经洞，去那里需沿寺庙向上走1000多米，即便最近已开通缆道，从缆道的终点还要登山一大段距离。最大的藏经洞是雷音洞，周围墙壁上嵌有篆刻经文的石块。支撑雷音洞顶部的四根石柱上雕刻着许多佛像浮雕。

也有记载称，随着石经愈来愈多，石经山洞窟已收藏不下，便将石经埋藏地下。被轰炸倒塌的南塔是辽代天庆七年（1171年）所建的佛舍利塔，据记载称碑文"此塔前去一步，在地宫有"，1957年撤掉塔基发掘时，果然发现了地下埋藏石经的南北两个洞穴。此处收藏的石经共计10082卷，如今以半地下式的"石经地宫"对外展示。

让我印象最深的是，僧侣们孜孜不倦篆刻的数量庞大的佛教经典，他们将神圣的佛教经典篆刻在石头上，希望石经世世代代永久传承下去。但是我想，这份祈求永久的执念并非积极乐观，而是一种对未来不定、残酷的现实认知，如此才有今天数不胜数的石块经文。

第十章 万里长城和明十三陵
——大明文化的余晖

从北向南眺望的八达岭长城

八达岭长城的风景

提到中国,人们便会想到万里长城,就像金字塔之于埃及。而在万里长城之中,八达岭长城是知名度最高的。它距北京中心仅60千米,是中国古代的边界线。在这里,可以切身感受到首都北京的确位居北方。

对外国人来说,万里长城就是中国的象征。大多数外国人在访华前都听说过万里长城,还从照片上看到过。即便如此,当亲眼看到八达岭长城时,还是会深感其气势磅礴。它建在海拔千米的险峻山脊之上,石与砖砌成的灰色城墙依山势向两侧展开,雄峙危崖,盘旋延伸,观者为之折服。

八达岭长城的"八达"是"四通八达"的意思,它雄踞于北京通往蒙古高原的要道上,是跨越险峻山脉的防御据点,战略地位极其重要。按照现在的行政区划,八达岭长城位于北京市昌平和延庆(北京市延庆区八达岭特区)的交界线上,关门建在扼住要道的关口上,门有两重,外侧门额刻有"北门锁钥",内侧门额刻有"居庸外镇"。"锁钥"意为钥匙,喻军事重镇,充分显示出它作为入京关口的重要地位。"居庸外

图10-1 八达岭长城（未修复部分，1978年）

镇"指它是居庸关的外围关口。

我总觉得，长城与中华世界的本质紧密相关。据说，"长城"一词从战国时代起便已出现。也就是说，修筑坚固的壁垒以抵御外部进攻，这种方式如同中国历史一般古老。秦始皇统一六国后，在之前各国所筑长城的基础上，将其相连，形成一条整体的防御线，抵挡北方游牧民族匈奴的入侵。之后，虽在每个朝代有所兴衰，长城作为北京以北通往西域的通道，作为农耕民族与游牧民族之间的屏障，不断得到延承与发展。从这个角度来说，长城也可谓一种文化概念。事实上，长城除了防御功能之外，还通过输送军队，发挥了向偏远地区普及中华文化的作用。

随着各朝对异民族政策的变迁，长城的地位也不尽相同。当采取民族同化和攻击型政策时，长城是不受重视的；而在实行消极的防御政策时,长城就会获得较大发展。马可·波罗对中国做了详细的描述,但对长城却只字未提,考虑到元代是游牧民族蒙古人统治时期,也是理所当然。

八达岭长城的城墙高 6 米到 9 米(平均 7.8 米),底宽 9 米,顶宽 4.5 米,宽度足够马匹并排前进。城墙呈曲线状,没有死角,且每隔 1 米左右设有女墙——女墙可供士兵防御,也可从上面攻击敌人。根据地形每隔数百米设方形坚固堡垒。堡垒大体有两层,它既是防御的据点、瞭望台,下层还是士兵的宿舍。若有敌人进攻,可点燃烽火相互联络:白昼点烟,夜晚点火,烟和火的颜色根据敌人的数量和情况而变。

现在的长城大部分是明代所建。明朝直到永乐帝之前,对北方外族均采取主动出击的政策,从永乐帝开始,逐渐转为防御,长城也渐渐向西扩建,并多次修整。先是修整了东面山海关至大同区间,十五世纪中叶在北京的正前方修建两重长城,之后跨越黄河再沿着丝绸之路向西修建 2700 千米至嘉峪关,便形成了我们现在看到的长城。它是从宇宙中可以看到的地球上唯一的人工建筑物。长城中最坚固的构造是山海关至黄河的部分,内部用黏土夯实,表面覆盖灰砖和石块。

现在关门外设大型停车场,这里是观光的起点,可从左右两侧出发攀登长城。游览开放段共计 3741 米,其中北段长 2565 米，南段长 1176 米。长城看上去蜿蜒曲折，起起伏伏，连绵不绝。相对南部的长城，北部的坡度更缓。近几年，在八达岭的停车场附近，新建了展示长城文化的长城博物馆，以及放映 360 度环幕电影的长城全周影院。这里还可搭乘通往长城南北高处的索道。

居庸关和六种文字

八达岭关口的内侧是狭窄的峡谷，峡谷本身就形成了一道防御线。大概前行 8000 米，便可到达一个略为宽敞的盆地，那就是长城的第二关口——居庸关（昌平区南口镇居庸关村）。

居庸关虽是军事要地，但景色优美，有"居庸叠翠"的称号，

图 10-2 居庸关云台（1978 年）

翠绿的森林是燕京八景之一。不过,现在这里最引人注目的,便是元代遗留下来的建筑文物"云台"。原是过街塔,下面有门,可以通路,上部耸立着三个喇嘛教的佛塔。后来,塔被毁坏,仅剩下了塔基——云台。元朝皇帝每逢夏季便去上都(蒙古的多伦诺尔)避暑。为祈求北京(大都)至上都的路途平安,以及通商之路的和平,元顺帝至正三年(1343年)修建了此塔。大理石砌成的云台高10米,券门呈六角形,而非弧形曲线。券门内侧雕刻有四大天王像、动物、佛像等佛教图案,还用汉、蒙、藏、梵、维吾尔、西夏文六种文字刻有经典《造塔功德记》和《陀罗尼经咒》。

西夏是由党项族建立的王朝,11世纪至13世纪向中国西北部佛教圣地的国家"取经",并在汉字的影响下创造了自己的文字。1227年,西夏国被成吉思汗所灭,但西夏的文字却继续被人们使用。居庸关云台的六种文字,向内陆亚洲展示了开放的蒙古帝国独有的国际性,给人留下难忘的

图10-3 居庸关云台栏杆的西域图形

图10-4 居庸关云台内部。右侧为西夏文

深刻印象。西夏文一度无人能读，直到后来日本人西田龙雄成功将其破译。

我初次去长城是在三十年前，当时只有云台冷清地矗立在村落的田地中，后来逐渐有了些露天的土产店。最近，这里发生了巨大变化，整个观光区大幅整修，还修建了牌楼等。

从前，要想从北京到八达岭长城，或是开车沿着通过居庸关的马路前往，或是乘坐西直门到包头的京包线火车。最近修建了直达八达岭的高速公路后，要想参观居庸关，就得中途下高速公路。这样一来，就感受不到长城作为交通要塞的意义了，这一点令人遗憾。

其他的长城

除八达岭长城和前面提到的居庸关长城之外，北京周边还有几处已向游客开放的长城。如向北京市东北方行约120千米、在密云区和河北省境内的司马台长城、金山岭长城，北京市以北70千米处怀柔区的慕田峪长城。

其中，司马台长城因保留了明长城风貌而受到高度评价。城墙巍峨，长约20千米，建在高低起伏的险峻山地上，像波浪一样此起彼伏，绵延不绝。望京楼是其最高点，海拔986米。司马台西面紧连的便是金山岭长城，有47.5千米的部分向游客开放。

慕田峪长城继八达岭长城之后，于1988年向游客开放。它位于金山岭和八达岭之间，因不像八达岭那样游人如织而逐渐受到人们的欢迎。另外，也有人批评这里为了迎合旅游，添加了过多的人为因素，以致丧失了原有风貌。最近，所有对游客开放的长城都安装了索道和缆车，方便游客攀登长城。不过，游客只有脚踏长城的石砖走上一段，才能真切地感受到长城的雄伟和险峻。

明代，隆庆帝（1567—1572年在位）任命镇压倭寇有功的谭纶为兵部左部侍郎，戚继光为苏州总兵，命他们大规模修缮山海关至镇西关间的长城。如今游客看到的便是那时修缮的长城。

明十三陵

从北京市中心西北行 50 余千米，在昌平区天寿山麓，建有明朝历代皇帝的陵墓群。中国古代历代王朝都有在首都郊外修建陵墓的习俗。明代洪武帝朱元璋完成统一大业后定都南京，将陵墓建在南京近郊。洪武帝死后，皇太孙建文帝继位，但洪武帝的皇子燕王发动政变，成为明代第三位皇帝永乐帝。他定都北京，并在生前选好墓址，其后的 12 位皇帝都按照风水，在其周围选定位置建造陵墓（图 10-5）。除 13 位皇帝外，这里还埋葬着 23 位皇后和 1 位贵妃。另外，皇帝陵墓附近也有多位陪葬皇妃的合葬墓。明十三陵规模庞大，总面积约为 40 平方千米。这里禁止砍伐树木，禁止狩猎，并有数千名侍卫看守。虽然无法想象当时的情景，但现在这里的平地部分变成了农地，从远处可以看到显示着陵墓位置的树木和建筑。

明十三陵位置关系如下：①长陵，其主人为成祖永乐帝；②献陵，其主人为仁宗洪熙帝（1425 年在位），继位仅九个月便猝死；③景陵，其主人为宣宗宣德帝（1426—1435 年在位）；④裕陵，其主人为正统帝（1436—1449 年在位），在御驾亲征蒙古时被俘，获释后回到明朝，后复位，改元天顺（1457—1464 年）；⑤茂陵，其主人为宪宗成华帝（1465—1487 年在位）；⑥泰陵，孝宗弘治帝（1488—1505 年在位）；

⑦康陵，武宗正德帝（1506—1522年在位）；⑧永陵，其主人为世宗嘉靖帝（1522—1566年在位）；⑨昭陵，其主人为穆宗隆庆帝（1567—1572年在位）；⑩定陵，其主人为神宗万历帝；⑪庆陵，其主人为光宗泰昌帝（1620年在位），万历帝长子，继位仅一个月便病死；⑫德陵，其主人为熹宗天启帝（1621—1627年在位）；⑬思陵，其主人为明代最后一位皇帝崇祯帝（1628—1644年在位），在景山自缢身亡。

第四位皇帝正统帝被囚禁于蒙古期间，其弟登基称帝，改元景泰；后正统帝回京，重登帝位，改元天顺。景泰帝在改元天顺后不久便去世，却只能以亲王规格修建陵墓，葬于玉泉山北麓。

十三陵中，已向游客开放的，有永乐帝的长陵、隆庆帝的昭陵、万历帝的定陵。

先看永乐帝长陵，它是十三陵之首，陵墓配置最为完备。

靠近墓区后，便可看到一座巨大的、高高矗立的汉白玉石牌坊。整个牌坊为五间六柱，宽28米有余，是现存最大的石制牌坊，建于嘉靖十九年（1540年）。石碑坊的正前面建有大红门（大宫门），但改建后如今的路迂回绕开了石碑坊。因正德帝无皇子，其皇位由嘉庆以成化帝皇孙的身份即位。据说，此碑便是嘉庆帝因自己继承皇位的顺序不合规则，为

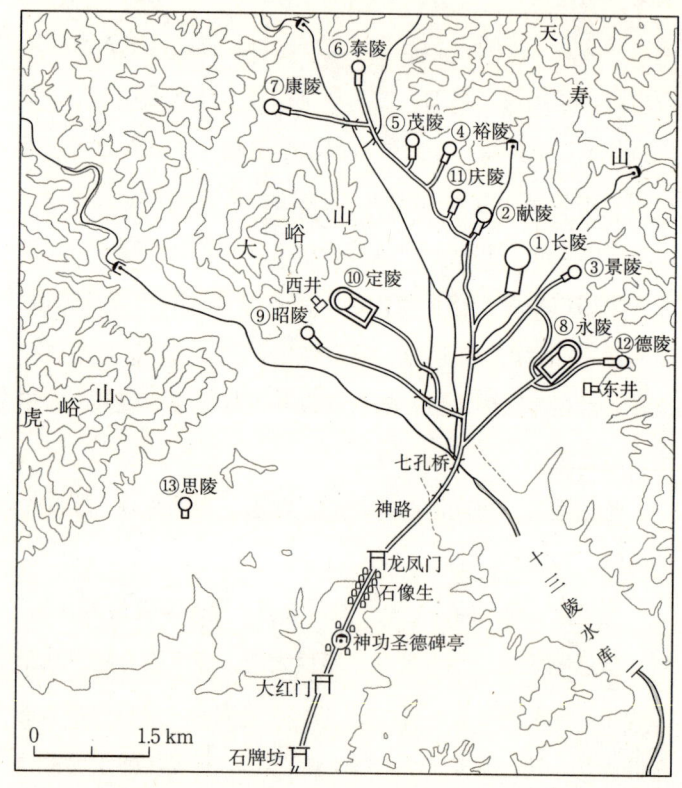

图 10-5 明十三陵

强调对祖先的孝敬特别建立的。

从石碑坊行约 1000 米，便到了大红门，它是陵区的正门。以前，门的左右两边均连着红色墙壁。正门辟三券门，中门是已故皇帝、皇后棺椁和神主、神牌、祭品、仪仗通行之门；左门（东门）是皇帝谒陵通行之门；右门（西门）是谒陵官员谒陵进入陵区所经之门。也就是说，中门用于死者，左右之门用于生者。大红门两侧设有 4.45 米高的下马碑，上刻楷书，"官员人等至此处下马"。

进入大红门便是神道，通向东北方永乐帝的长陵。按照风水，神道并非笔直的直线，而是一道缓缓的弧线。中途有一座重檐石制红墙神功圣德碑亭，亭内为拱形，中间竖立高 9 米的石碑，碑下为石龟趺。此碑系洪熙帝为歌颂其父永乐帝一生功绩而设，石碑上刻有篆书"大明长陵神功圣德碑"。石碑阴面和东面刻有清乾隆帝撰写的诗文，描述了乾隆五十年（1785 年）至乾隆五十二年（1787 年）间修葺当时破败不堪的陵区的经过。石碑西面刻有嘉庆帝亲书其父乾隆帝修墓之事以及论述明朝衰退原因的文章。明朝皇帝中只有洪武、永乐两帝睿智贤明，明朝中期的皇帝虽不暴虐，但不勤政，贪图享逸，荒废朝政。而且碑面刻有"明之亡不亡于崇祯之失德，而亡于神宗之怠惰、天启之愚呆"，尽显批评讽刺之意。但是清王朝从写下这些文字的嘉庆帝开始衰落,他并不能像审视别人一样审视自己。

从碑亭向前250米左右,并排排列着长达800米的石像生(石人和石兽的统称),共九种,十八对石像,给皇陵增添了无尽威严。

石像生从南至北依次为狮、獬豸(想象中的动物,身上有鬃毛,独角,能辨是非)、骆驼、象、麒麟、马、武官、文官、勋臣。六种石兽,每种左右各有一对,一卧一立;三种石人都是立像。

石像的尽头有一座牌坊,名叫龙凤门(棂星门),上有精致雕刻。

顺着神道可到永乐帝的长陵。但途中需过一个近代仿原桥所建的七孔桥,在其右手边可以眺望到十三陵水库。十三陵水库是新中国成立后,于1958年开始的修建的,总共为期六个月毛泽东等领导人扛着铁锹在此带头劳动的消息曾轰动全国。

再接着向前走,十三陵中规模最大的长陵便映入眼帘。穿过陵门,便到了主要建筑,即有祾恩门的祾恩殿。据说"祾"取"祭而受福"之意。祾恩殿是举行祭祀仪式之地,大殿坐落在三层汉白玉石台基上,面阔九间,进深五间,殿顶是重

图10-6 十三陵石像。骆驼立像与大象卧像

檐庑殿式,上覆琉璃瓦。殿内林立32根底径1米、高13米,由云南产的楠木制成的大柱。外侧还有略细的28根柱。

穿过内红门和棂星门,就到了明楼。它建在石垣之上,上悬"长陵"匾额,是放置石碑之地。楼内正中立有石碑,篆额"大明",下刻"成祖文皇帝之陵"七个大字。明楼的后面是"宝城",是由土堆起来,四周用石头围绕的圆形墓冢。其地下虽未发掘,但人们认为,里面的玄室要比向游客公开的定陵地下宫殿更为壮观。

也就是说,墓区整体呈前方后圆形状,由两部分构成:长方形建有祭祀用设施的部分,以及圆形的墓冢部分。基于尊崇先祖的观念,明十三陵中未有比长陵规模再大的陵墓。另外,明朝初期实行殉葬制,在距陵墓稍远的东西两侧各有东井和西井，这里埋葬着十六位嫔妃。汉代皇帝是在生前便建自己死后的陵墓，宋代是皇帝生前不建自己的皇陵，而是死后由下一位皇帝建造。明代混杂了前面的两种方式，十三陵中既有生前就开始建的陵墓，也有死后才修建的陵墓。

发掘定陵地下宫殿

十三陵中最受游客欢迎的景点，便是内部已打开并对游客开放的万历帝定陵了。

万历帝在位时间是1573—1620年，共48年。在万历帝执政期间，丰臣秀吉发动文禄庆长之役，攻打朝鲜，中国作为宗主国向朝鲜援兵。此陵是在万历十二年（1584年）开始修建，耗时七年，于万历十八年（1590年）建成。据说共耗用白银800万两，相当于当时两年的财政总支出。

同葬者还有孝瑞皇后和孝靖皇后，曾有电视剧讲述过合葬的过程。万历帝正妻孝瑞皇后膝下无子，早于皇帝三个月逝世。孝靖皇后原本是侍奉万历帝母亲的一名宫女，偶然受万历帝临幸而怀孕，诞下一位皇子。她在怀孕期间获封恭妃，由于万历帝专宠其他妃嫔，尽管其子被立为皇太子，她却一直未获晋封，死后仅以皇妃规格下葬。万历帝驾崩，光宗泰昌帝即位后，立刻下旨追封生母，命礼部仔细议定。但他在位仅二十九天便因病去世。其子熹宗天启帝（1621—1627年在位）继承皇位后，终于追封王恭妃为孝靖皇太后，迁葬至定陵。

宫廷斗争愈演愈烈，时年39岁的泰昌帝因其性格沉稳而被人们寄予厚望，但他即位不足一月便突然病逝，这为明朝的未来蒙上了一层阴影。泰昌帝离世仅仅24年后明朝灭亡。原本中国古代的年号必须在前任皇帝死后第二年才能更改，由于泰昌帝急逝，遂破例将万历四十八年（1620年）改为泰昌元年。

定陵与永乐帝的长陵等陵墓相对，陵门向东而建，门内有李自成农民军焚毁祾恩殿后残留的基石。其前方有展示地下文物的陈列室，后面会提到。现在我们先看看陵墓。

正面有放碑的场所明楼，它建在方形石垒砌的高高的露台上，上悬"定陵"匾额，楼内还放置着书写"大明神宗显皇帝之陵"的石碑。站在楼台上，可以眺望到远处的长陵、永陵和献陵。过明楼，后面便是圆形墓冢。墓冢连接着玄宫，通过墓冢地下的通道便能到达。

发掘定陵地宫的故事就像发掘埋葬法老王的埃及帝王谷般惊险重重。

1956年，也就是新中国成立后第八年，政府决定对定陵进行调查，这是对历代皇帝陵墓开展的第一次学术性考察。古代为防止盗墓，都将入口建得十分隐藏，因此必须先找到搬运棺材的羡道。考古工作队在陵墓的南面找到了微弱标记，顺着标记最后找到了被土掩埋的羡道。入口附近有关于距离和方向的指示标记，顺着标记继续挖，果然出现了写有"此石至金刚墙前皮十六丈，深三丈五尺"的第二道标识。顺着这个指示便找到了地下墓室的外墙金刚墙，它是一座砖墙，由城砖封砌。

拆开砌砖后现出一片空间，正面有两扇封闭的大理石石门，就这样，在地下 27 米的地方发现了玄室。根据文献记载，为使封好的石门从外部打不开，门内部设有机关，放置了名为"自来石"的巨石。从门中间的缝隙插入铁棒后，发现里面确实有石条，用铁棒挪开石条后才成功进入前殿。殿顶是石起券，呈拱形，内为纵长的房间。这里展示着雕刻着狮子的石门和有防固作用的自来石。

用同样的方法打开内部的石门，便到了中殿。中殿的殿顶和前殿一样为拱形，内为皇帝和两位皇后所设的三座汉白玉石宝座。宝座之前的圆形台上设有青花云龙大瓷缸，缸里放有香油，这是为使这里永远明亮而设的"长明灯"。地宫封闭后，由于缺氧，灯也就自然全灭了。玄宫被发掘时，长明

图10-7 定陵中殿的宝座。宝座后面可见后殿的棺椁

灯里还留有灯芯和香油。

　　中殿内侧,有一个更为宽敞的圆形拱顶后殿,与中殿T字形相交,里面的石台之上放置着皇帝和两位皇后的棺椁。发掘时发现的棺椁已经腐烂,现在展示的是复制品。周围放有26只装满财宝和衣物的木箱。木箱间装饰着梅瓶(一种瓷器,这里也许是花瓶)和观赏用的石头。随葬品约有2600余件,主要文物都展示在地上的陈列室。

　　中殿左右两侧各有一条细长的通道,通往两个与中殿平行、拥有相同圆形殿顶的配殿。左右配殿各有一座棺床,但都是空的。两个配殿均建有与外部相通的羡道。人们推测,两个配殿原是为了放置皇后的棺椁而建,将皇帝的棺椁放入后殿后,便关闭中央的墓室,皇后死后再将其棺椁从二室的隧道葬入。但是，不曾想万历帝的两位皇后都先于皇帝逝世，因此便与皇帝同时合葬。之所以未将皇后的棺椁放入配殿，大概是由于中殿通往左右配殿的通道过于狭窄，棺椁不能通行。

坚固的墓室的确符合地下宫殿之名。但是，想到就为了一位皇帝和两位皇后的陵墓而耗费了如此大量的劳力，不禁百感交集。地宫里的空气比地上冷，每次来参观时都觉得冷飕飕的，回到地面上才感觉安心。

定陵的地下墓室里出土的主要文物，都能在刚才路过的两个陈列室中看到。只是，由于文物保存条件恶劣，因而陈列室中很多为复制品。第一陈列室里，展示着对人们发现墓室起到关键作用的"指路石"，记录定陵刚发掘时墓室情景的珍贵照片，以及皇后的遗物。

其中最吸引人注目的是皇后出席大典仪式时所戴的精致凤冠。从玄宫中共出土了四件，分别为三龙二凤冠、九龙九凤冠、十二龙九凤冠、六龙三凤冠。龙是皇帝的象征，凤是皇后的象征。凤冠前饰花丝金龙，下有点翠金凤，蓝宝石钿排列期间，嵌珠宝数千余颗。墓中还出土了由宝石和玉制成的发饰。

百子衣是从孝靖皇后棺内出土的上衣，红素罗上绣百子嬉戏的图案。这大概是新婚时为祈祷诞下皇子所穿的礼服。前后襟和两袖还绣有蛟龙。白玉容器上施以透雕金饰花纹的精致容器令人印象深刻，此外，还有些其他梳妆用具。

第二陈列室是同皇帝相关的用品，里面有金丝翼善冠、缂丝十二章衮服龙袍、铠甲、刀剑、制作精美的金酒器、玉制双耳壶等。这些工艺品体现着明文化的最高水平，但也只是少数人的文化。虽说是他们生前使用的物品，但也确实是死者的所有物，给人一种死气沉沉的感觉。

另外，明十三陵中的昭陵也于1990年向公众开放。昭陵位于定陵的西南方，是明朝第十二位皇帝穆宗隆庆帝和他的三位皇后的陵墓。穆宗是万历帝的父亲。在十三陵中，昭陵虽是中等规模，但设施齐全，有石桥、陵门、祾恩殿及其左右配殿、碑亭、明楼、神厨库、宰牲亭等。但因火灾，明楼内的石碑有一面出现了裂痕。

最近，在定陵入口附近，新建了十三陵博物馆。其展品或许会有变化，我尚未参观，具体情况还不甚了解。

在景山自缢身亡的明朝末代皇帝——崇祯帝的思陵距其他陵墓较远。他即位后并没有马上修建陵墓，李自成农民军将皇帝遗体草草装入棺中，便将之与皇后的棺材一同发送到昌平，昌平县吏只得将他们简单合葬于田贵妃墓中。清入关后,为笼络人心,宣告政权的正当性,而将皇帝合葬的墓升级改建为思陵。

清东陵与清西陵

清代的陵墓距北京较远。清入关前,清皇族陵墓建在中国东北的沈阳,称为关外三陵。

大清入关后,自顺治皇帝开始,清代陵墓分为两处,即清东陵和清西陵。清东陵位于河北省遵化市,里面有五座陵墓,分别为顺治帝的孝陵、康熙帝的景陵、乾隆帝的裕陵、咸丰帝的定陵、同治帝的惠陵。咸丰帝的两位皇后——东太后慈安和西太后慈禧的陵墓就建在咸丰帝陵墓附近。

雍正帝的泰陵建于河北省易县梁格庄的永宁山麓。这里还有嘉庆帝的昌陵、道光帝的慕陵、光绪帝的崇陵。这些陵墓群统称为清西陵。在为清末代皇帝溥仪修建陵墓时,辛亥革命爆发,陵墓未能建成。近年,在光绪帝陵墓的后面由商人投资建起了一个陵园,溥仪之墓被迁到此处。溥仪在自传《我的前半生》中大力强调自己实现了"从皇帝到公民"的改造,最终还是被葬到了皇帝祖先的身边。

第十一章 丰富多彩的博物馆
——物品与记忆

古观象台

成体系的大型博物馆

在北京市的市区和郊区,博物馆和纪念馆等数不胜数。如今,城市样貌发生着天翻地覆的变化,人们的思想在不断变化,而博物馆中所保存的"物品"也越来越有意义。因为,封存在这些物品中的时间能够再现历史,向身为观众的我们倾诉往昔。

中国国家博物馆(东城区东长安街 16 号)

中国国家博物馆面朝天安门广场,在人民大会堂对面,为中华人民共和国十周年十大建筑之一。这座三层建筑内,曾经坐落着两家博物馆,分别是中国历史博物馆(展品涵盖古代到鸦片战争前的文物)和中国革命博物馆(展示鸦片战争后的历史)。国家博物馆起源于民国时期中国最早的国立博物馆——国立历史博物馆,收藏有国宝级精美文物三十余万件,始终遵循唯物史观的思想。近期,历史博物馆和革命博物馆合并,更名为"国家博物馆"。现在,博物馆正在进行大规模的扩建,新馆的开放时间尚未公布。我十分好奇,中国会通过展览向我们传达怎样的开放经济时代的历史观呢?

首都博物馆（西城区复兴门外大街 16 号）

很长一段时间里，首都博物馆就设立在孔庙内，2005 年，地铁一号线木樨地站南侧，首都博物馆的现代化新馆开馆。建筑物外墙大量使用玻璃，上面有巨大的、形如青铜酒杯的装饰物，显得威严庄重。五层的建筑上下通透，引入了自然光，非常明亮。人们可以在这座代表北京的综合性博物馆中，方便地了解到北京历史的各种知识。

首都博物馆常设展览有三部分："古都北京·历史文化展""古都北京·历史城建展"和"京城旧事·老北京民俗展"；还有陶瓷、绘画、玉器、佛像、书法、燕国铜器六类文物的展览。

复原当年的建筑，运用新的技巧，通过人偶还原当年北京的城市街道、婚礼队伍、摆摊叫卖的小商贩、杂耍艺人等老北京风貌……一系列的新布展方式体现出了北京各博物馆从未有过的讲究。不过，换个角度思考，运用这类技巧的展览，削弱了"物品"本身的强烈存在感，反而使表现出来的对象被定格在了过去，也给人一种深切的消逝感。这是如今全世界博物馆都面临的一个课题。

中国人民革命军事博物馆（海淀区复兴路 9 号）

在地铁一号线西边的"军事博物馆站"下车，一座威严的苏联风格建筑立刻映入眼帘。整栋建筑为棕色，给人一种厚重感。日本旅游指南一类的书籍，往往只简单地介绍这是一座面向军事爱好者的小众博物馆，实际上这里藏品丰富，能够让观众了解武器的发展以及古往今来的军事史。正面的一层、二层为兵器馆，展示有各种兵器。还有抗日战争中缴获的日本武器，从敌人那里缴获武器为己所用，是装备匮乏的人民解放军的看家本事。

其中特别值得一提的，是一辆名为"功臣号"的日本九七式坦克，是解放军在沈阳日本关东军修理厂缴获的。这是解放军的第一辆坦克。它在解放战争中至关重要的锦州战役中，突入国民党军战线，使战况转向有利于解放军的形势，因此得名"功臣号"。场馆中特意布置了还原战争场景的全景图，仿佛这辆坦克还在战斗中。其他引人注目的还有从日军那里缴获的九二式加农炮、大量的步枪、军刀等武器。旧日本军的九二式于1932年（昭和七年）设计，以日本神武天皇即位之年为元年算，那年为纪元2592年，因此而得名。加农炮是音译"cannon"而来，日语中也使用同样的称呼。

三层西侧是古代战争馆，主要介绍从古代到清朝发生的大规模战争和武器的发展变迁。其中展出的元至正辛卯（1351年）火铳，铳身刻有铭文，形制短粗，是亚洲最早的火铳，在火器史上极为引人注目。它就这样原原本本地展示在这里，能亲眼得见实物，让我喜出望外。

东馆一层是土地革命战争馆，展示了中国人民解放军20世纪20年代以来，由工农武装到工农红军、八路军的成长历程。建立初期使用的20世纪的前装炮、木制大炮、长征中抹去原来的文字，刻上向农民宣传的标语的古碑等，给人留下了深刻的印象。二层是抗日战争馆和全国解放战争馆，展示了从抗日战争开始，历经与国民党的合作，再到内战、解放，直至建立中华人民共和国的过程。三层是抗美援朝战争馆。在这里，可以看到展现历史细节的展品，例如解放军1949年和平解放北平时的入城路线等，这激发了我的兴趣。

宽敞的前厅中展示着飞机、驱逐舰等实物，其他的还有古炮，有由林则徐主持、铸造于道光三十年的前装炮等。作为了解战时日本的一代人，这里总让我想起日本东京九段的游就馆和青山的海军馆。我原本是抱着随便看看的心情入馆参观的，结果被丰富的展览吸引，不知不觉间已经过去了两个多小时。参观展览的人群中，有许多父母带着孩子来参观，也许是因为想对孩子传达什么吧。一位父亲热情地为上小学的女儿做着讲解，从专业度来看，他很可能是相关工作人员。

回来的地铁上，我偶然看到一个抓着吊环站在我面前的女孩，她穿着一条牛仔风的紧身裤，戴着华丽的腰带，露出衬衫和紧身裤之间的皮肤。在刚刚参观过朴素刚健、男女并肩作战时代的展览之后，见此情景，不由得感慨时代巨变，心情多少有些复杂。

中国人民抗日战争纪念馆（丰台区宛平城内街101号）

卢沟桥这座位于北京西南郊外的古老石桥，因马可·波罗的记录而闻名于世。从桥东岸正对的方向，可以看到宛平城的城墙。1937年7月7日，中日之间的战争就爆发于此。那场战争几乎左右了其后两国的历史，把纪念馆设在宛平城内再合适不过了。寂静偏僻的郊区街道上，高大明亮的纪念馆分外显眼。

这里名为抗日战争纪念馆，却并没有强烈的反日色彩，反倒明确历史的意味更加强烈。中日之间的这场战争，涉及中国近代史的本质，对于在抗日战争中获得人民群众支持、成功建立新政权的中华人民共和国来说，更是意义重大。为了明确这段历史，展览犹如一本概览，依次展示了"九一八事变"后抗日战争的历程。

这场战争分为局部抗战时期（1931年9月—1937年7月），全国抗战前期、中期、后期，每个时期内再具体划分。前期分为"九一八"事变、东北地区抗日游击战争、西安事变暨全国抗战准备三个时期。再现了重要事件和重要战役的场景（如"平型关大捷""台儿庄大捷"），非常值得一看。被击落的日本飞行员携带的"武运长久"护身符，战死的中国军队将领写给妻子的信，在战争时期结婚的华侨夫妇的结婚纪念照下，挂着"结婚不忘救国"的标语，等等，传达着战争的细节。

其他还有"日军暴行馆""人民战争馆"等。面对石井部队活体解剖等还原日军暴行的场景，作为日本人我羞愧得无地自容，但我还是硬着头皮，跟着一队组团来参观的女中学生一起进了展厅。看到残忍的场景，参观者们会忍不住别过脸去，却也看不到更多的感情变化。令我意外的是，一个由几人组成的参观团让我帮他们在展馆内拍照。也许是因为知道了我这个白发苍苍的老人是日本人，他们对我有些好感，出了展馆又让我帮他们在纪念馆前拍了一张。少女们明亮的笑脸让我得到了些许救赎，随后便离开了纪念馆。

我的介绍有些前后颠倒，纪念那些在战争中牺牲的人，也是这座纪念馆的一个大主题，入口的正面设有巨大的献花台，最后一个展厅中还有无名烈士纪念碑。

物、人、文化

在北京，历史性的建筑物、私人住宅、专门限定在某个特定领域的小规模博物馆和展览馆也为数不少，它们传达着各个时代的生活气息，游览其中乐趣无穷。在搭乘公交车前往各个博物馆的过程中，触摸一座城市的脉搏，也是探访博物馆的乐趣所在。

中国钱币博物馆（西城区西交民巷 17 号）

中国钱币博物馆位于天安门西侧，东临原大陆银行的拱顶大楼（现中国银行前门支行）。博物馆建筑正面有圆形立柱，原本是北洋通商银行的大楼。内部二层为硬币展区，三层为纸币展区。

虽是一家小巧的博物馆，里面中国人民银行管理下的藏品却丰富而充实。展览精巧地展现了古钱币由子安贝、仿子安贝的金属钱币、刀型铜制布币，向以开元通宝为代表的铜制方孔圆钱发展的过程，最终，辛亥革命给方孔铜钱画上了句号，这一层的展览到此结束。三层纸币展没什么人气，门可罗雀。这里令我兴趣盎然的是，可以看到成为中华人民共和国基础的革命时期各边区政府发行的纸币。

北京皇城艺术馆（东城区南池子大街菖蒲河沿 9 号）

天安门前外金水桥下的金水河出了皇城，形成了南护城河。最近，对从贵宾楼饭店旁边的"南池子"大街到劳动人民文化宫东边之间的菖蒲河重新进行了修整，河边种植了柳树,新架了桥,十分漂亮。皇城艺术馆就在菖蒲河北侧。其建筑模仿传统样式,非常华丽,主要展出北京城的老照片,展馆中央实景再现了乾隆时期壮观的北京城,整体给人一种时尚感。还有少量的精巧物件,比如宫廷中使用的鸟笼。这座艺术馆具备现代感的同时,却也失去了中国的博物馆所共通的思想性体系,让人觉得是为了迎合复古主义而刻意布置的。

北京湖广会馆(戏曲博物馆)(西城区虎坊路3号)

这里名为博物馆,其实前身是建于1807年历史悠久的会馆,即同乡聚会的场所。谭鑫培、余叔岩、梅兰芳等名角都曾在这座会馆的戏台登台表演。1912年,孙中山正是在此处宣布了国民党成立。

图11-1 湖广会馆的戏台。一幅"纪念梅兰芳先生诞辰一百一十周年"的横幅悬挂其上(2004年)

现在,每个星期都有三天京剧表演。在这里可以品尝美食,附属建筑文昌阁内还有戏曲史料展和戏台开放活动。展览的确显得有些朴素,不过,仅仅是感受一下会馆的氛围,远观一下传统戏台的包厢,就已经很值了。

湖广会馆的开馆时间是上午9点到11点,下午3点到7点半。同类型的博物馆只有少数几家。

徐悲鸿纪念馆(西城区新街口北大街5号)

徐悲鸿(1895—1953年)晚年擅长绘奔马图,这座纪念馆便是用来纪念他的。不同于多数纪念馆是由故居改造而成,徐悲鸿纪念馆规模庞大,颇像一座小型个人美术馆。徐悲鸿也是一位有远大志向的画家,他支持新文化运动,自20世纪30年代起,先后创作了《愚公移山》等一系列作

图11-2 徐悲鸿纪念馆和铜像

品,一幅描绘鲁迅和瞿秋白并肩而立的素描,记录了徐悲鸿

与他们的友谊。两层的纪念馆展厅多达七个,初期素描作品、法国留学时期的油画作品、其他在油画体系方面的工作、向水墨画转型时期的创作,等等,一个画家在经过反复摸索之后,找到自己创作风格的尝试过程,一目了然。

梅兰芳纪念馆(西城区护国寺街9号)

从徐悲鸿纪念馆所在的新街口大街向南,接近宽阔的地安门西大街的时候,东边有一个路口,向里便是护国寺街。过了人民剧场(位于路南)和护国寺饭店(位于路北),穿过热闹的胡同,一眼就能看到一座华丽的白墙四合院,这便是风靡一时的京剧名角梅兰芳的纪念馆。

图 11-3 梅兰芳纪念馆

纪念馆保留了梅兰芳故居四合院的原状,院内南屋为第一展厅,绕过影壁,左右两边的厢房是第二、第三展厅,正房复原了梅兰芳生前的居室。梅兰芳纪念馆与其他旧居改建的纪念馆非常相似,但是从白色的墙壁和红色的漆饰中,还是能够感受到与戏曲家身份相称的华丽。这位京剧名角天生才华横溢，仅仅参观第一展厅的照片就已经很有趣了。这些照片里，有梅兰芳身着正式晚礼服的照片，有和同台表演的男演员的合影，也有20世纪30年代访日时与歌舞伎演员留下的合影。其他一些服装、道具也为展览增色不少。

茅盾故居（东城区后圆恩寺胡同13号）

这处住宅是作家茅盾（1896—1981年）晚年时的居所，非常简朴。故居是传统的四合院样式，院中有一尊茅盾先生的半身像。茅盾出生于浙江省，他的作品背景常设定为上海和江南的农村。早在20世纪20年代，茅盾便加入了共产党，是共产党最早的党员之一。茅盾无产阶级现实主义的文风受到了人们的尊重，晚年还担任过作家协会主席。这里展出了茅盾的手稿、出版的作品、照片等。故居开放时间仅限周三、周四、周六。

郭沫若故居（西城区什刹海前海西街18号）

这里原是作家郭沫若（1892—1978年）的住所，现在改成了纪念馆。此处最早为庆王府，因而占地面积广阔，宏伟宽敞的建筑群坐落在繁茂的古树之中。郭沫若是一名作家，同时还担任中国共产党中央委员、国务院副总理等要职，这座故居正体现了郭沫若的多重角色。

故居内的展览内容丰富，向参观者传达了郭沫若丰富多

图 11-4 郭沫若像

彩的人生。青春时代部分，展现了郭沫若留学日本，就读于日本九州帝国大学医学部，创立创造社，作为浪漫主义的旗手投入到文学活动中的经历。第一次国共合作时期，郭沫若投笔从戎，担任国民革命军总政治部秘书长。后秘密逃亡日本，和妻子佐藤富子在千叶县市川市生活，这一时期的郭沫若埋头于中国古代社会研究。抗战爆发后的时间段，展现了他回国后所从事的文化宣传活动，所开展的各种政治、文化活动。故居院中安放着郭沫若坐在椅子上休憩的铜像。

中国古建筑博物馆（先农坛）（西城区东经路 21 号）

先农坛位于天坛的对面，曾经是身为农业主宰者的皇帝祭祀农神、举行亲耕礼的祭坛，到了民国初年，这里已经相当破败，后来残存设施的一部分（拜殿和大藏殿）被利用起来设立博物馆，举办与古建筑有关的展览。这里展示有 1949 年中华人民共和国成立时北京城的复原全景模型。

先农坛台遵循天圆地方的思想，堆成方形土台，周围包裹石砖，与天坛相比，极为朴素。此外，还有从别处移来的祭祀全国河流山川的祭坛，也是方形的空间中立有几座石龛，刻有象征着山水的纹样，造型十分有趣。朴素中隐隐透出一丝曾经的宏大规模。

北京新文化运动纪念馆（原北京大学红楼）（东城区五四大街29号）

红楼是北京大学原校区的建筑，北京大学前身是京师大学堂，创立于光绪二十四年(1898年)，当时校舍在景山东街的马神庙公主府。1912年，京师大学堂改名为北京大学。

图11-5 五四运动纪念碑和红楼（原北京大学校舍）

由于校舍不足，1916年开始在附近的沙滩建设新校舍，便成了这栋因由红砖建成而通称为"红楼"的五层建筑。红楼最初计划是作为学生宿舍，1918年建成后，这栋建筑的地下室成了印刷室，一楼是图书馆，二楼是办公室和大教室，三楼、四楼是文科教室和学生休息室。

目前开放的是一楼和二楼的一部分，毛泽东做过图书管理员的图书室、1919年五四运动时校长蔡元培使用过的办公室、小巧整洁的教室等多处展室可以参观。五四运动时，时任北大校长的蔡元培反对学生参加，他尽全力阻止却未能成功，学生们不听劝阻执意参加，最终被军警逮捕，蔡元培又全力营救，学生出狱后，蔡元培把他们招到这间办公室，亲手削梨慰劳他们。

教室里朴素的木制桌椅让我不由得心生感慨：一个新时代、一种新思想的诞生地竟如此不起眼。共产党的创始人之一陈独秀和新文化运动的先锋、倡导白话文的胡适都曾在这里任职。

回溯历史

从古人类到汉、金、辽，北京有着许多展示各个时代文物的博物馆，让人亲身感受到历史的厚重感。这些博物馆和近年来精致的展览技术无关，反而有一种物品本身承载的根本性的力量。

周口店北京人遗址博物馆（房山区周口店大街1号）

这座博物馆位于北京西南郊外约50千米处，由北京猿人化石发掘地点和旁边的展览馆构成。

1918年，瑞典人安特生受北洋政府农商部矿政司聘用，在中国进行资源考察，他把目光移向了一座富含化石的石灰岩山龙骨山上，并开始了调查。除发现动物化石外，安特生在这里还发掘到了石器,他预测这里会发现人类祖先的化石。1921年,应安特生邀请来华的乌普萨拉大学研究人员师丹斯基在附近的洞穴中发现了动物的臼齿,1926年,经北京协和医学院的布莱克博士鉴定,确定这是原始人的化石,不久后命名为"北京猿人"(Sinanthropus Pekinensis)。1929年12月,在向下挖掘了厚达21米的堆积土后,初出茅庐的研究员裴文中发掘到了猿人头盖骨。从这枚头盖骨的脑容量等方面来看,北京猿人介于现代人类和猿人之间。

第二年,裴文中在猿人洞穴正上方的山顶洞中,发现了七具属于其他人种的"山顶洞人"化石。猿人是距今约50万年前至20万年前的远古人类,山顶洞人距今约2万年前,相当于现代人类的祖先,颧骨等处显示出蒙古人种的特征。

图11-6 发现北京猿人的洞窟。1929年发现第一颗头盖骨的位置就在沿坡道向下左侧的位置

其后,中国地质研

究所和北京协和医学院合作，在洛克菲勒财团的资金支持下继续展开发掘工作。北京猿人化石多达42人，不幸的是，1941年太平洋战争爆发后，这些贵重的化石连同山顶洞人化石和石器一起，就在要被运往美国的时候失去了踪影。

1929年裴文中怀抱第一个头盖骨化石乘火车运往北京时的那个乘车站——周口店火车站已经废弃。从这里沿台阶上坡，有一片兼做停车场的广场，再往上走就来到了展览馆的正面，入口处有一尊复原的女性北京猿人半身像，馆内展示有遗迹全景模型，很容易就能了解到附近的地形情况。

"猿人洞"在展览馆旁边的山腹中，发掘地点按顺序从一到十五，最初发掘到头盖骨的第一地点，在向下发掘时石灰岩洞发生了塌陷，现在的情况与其说是个洞窟，不如说是深邃的峡谷。发掘位置处挂有浮雕，由于后来又继续向下挖掘，现在浮雕的位置已经距地面相当高。

展览馆旁边的高地上有座小墓地，纪念着许多与猿人发掘相关的中国人，有的墓碑上刻着著名学者的名字，也

图11-7 周口店北京猿人博物馆后面的墓地。左边可以看到"裴文中"的名字

有许多墓碑上刻的是那些参与发掘工作,又默默无闻的人们的名字,让人觉得肃穆典雅。

王府井古人类遗迹博物馆(东城区东长安街 1 号东方广场 W1P3)

这座博物馆位于繁华的王府井一角,建在东方新天地地下二层连接地铁的通道内。1999 年,重新开发"东方广场"时,发现了距今约两万五千年前的原始人类的活动遗迹,这座博物馆展示的,便是发掘出来的原始石器、人类活动遗迹等。展览很简单,但在古人类采集文化之上,重叠着一条充满了现代繁华和欲望的时髦大街,这种北京历史的重叠感让人感到十分刺激。

北京大葆台西汉墓博物馆(丰台区花乡郭公庄南)

这座西汉大贵族墓令人叹为观止,值得特意前往观看。它位于丰台区世界公园的南边。从前门乘坐公交车要一个小时,终点世界公园周围是一片新开发区。

从世界公园前再向南走十分钟左右,根据指示牌再向左转就是博物馆,周围还留有农村的样貌。大墓分为两座,第一座发掘于 1974 年,第二座位于西边 26.5 米处,发掘于 1975 年。发掘时的照片显示这里当时是农田中的一座小丘,现在墓地所在的地方树木环绕,大墓整体被建筑物遮盖起来对外展示。一号墓的墓主是汉武帝的孙子燕王（广阳王）刘健（公元前73—前45年），据推测，第二座大墓可能是他的王妃之墓。对外开放的是燕王墓。大墓整体呈方形，一条长长的墓道中有马车和四匹马的骨骼。大墓被类似于体育馆的大型建筑的房顶遮盖，足足有一个篮球场那么大，给人的第一印象更像是一座木制建筑而不像是墓，这是因为两重回廊围绕的内椁室中，按一定规格堆积着数量惊人的香木，根据汉代文献记载称之为"黄肠题凑"。墓中"黄肠题凑"是将柏木心切割成长90厘米、截面为10厘米左右的方形木料，共计15880根木料头部向内堆积30层形成方框。"黄肠"指的是颜色，"题凑"说的是形状和排列方法，即不用一根钉子，却堆积得极其整齐，木材的保存情况也非常好。棺椁上漆，内外共有五层，主要使用楠木，覆盖石灰和木炭，棺内留有包裹遗体的金缕玉衣残片和玉器等遗物。为求不腐而郑重保存的遗体已经彻底腐朽，反倒只剩下了为保存遗体而建造的庞大

图11-8 北京大葆台西汉墓博物馆的入口。正面左手边覆盖的屋顶下就是墓葬所在

的坟墓,让人感到些许讽刺。

这处汉墓博物馆距离市中心有些远,可以和卢沟桥、西周燕都遗址博物馆、北京猿人遗址等西南郊外的历史遗迹搭配前往。

北京辽金城垣博物馆(丰台区右安门外玉林小区甲 40 号)

1990 年,在首都医科大学的建设过程中发现了这处遗迹,1995 年建成博物馆(图 1-4)。从博物馆的名字来看,很容易想到城墙,但实际上是城墙下供河水进出的大型设施(水关)。遗迹的发掘现场原样遮盖保护,包入博物馆的地下空间中,允许公众参观。从这座排水设施精细的构造和规模,可以想象城墙规模和金代发达的文化水平。博物馆的院内还陈列有几块辽代石刻遗物(图 1-5)。

紧挨着博物馆南边流过的金水河,是当时金代都城护城河的遗迹。

古观象台(古天文博物馆)(东城区东裱褙胡同 2 号,建国门立交桥西南角)

从天安门广场向东,过了北京站,南边可以看见一座安放着古观测仪器的高台。以前在市区内来往时,这座古观象台很引人注目,是一座地标性的建筑,然而最近因为周围高层建筑的遮挡,变得很不起眼。

古观象台位于靠近建国门的内城城墙上，城墙拆除后，通过这座观象台也能想象当年城墙的高度。此处位置相当于元大都东南角。

右手边的小庭院和附属建筑内设有展览，登上观象台有数架观测仪器可以参观。有测量太阳高度角、追踪太阳轨道的巨型青铜赤道经纬仪，有确定天体位置的带环球形天体仪等（见本章篇章页）。虽说是科学仪器，但是台座上装饰的龙等具有中国风的装饰，让人总觉得有一种巫术的色彩。中国的皇帝是天子，支配天地的秩序，因此要制定历法。天子的一个重要职责便是以每年十月一日为期限，发布第二年的历法。天体观测便是为完成这一任务而进行。明末，中国对于日食、月食的预测发生了偏差，围绕修改历法引起了争论。当时，为了更便于传教，耶稣会试图利用科学技术使官廷接纳天主教，于是选派懂得天文学知识的传教士，与中国传统的钦天监官员发生了激烈的竞争。汤若望等传教士正确预测了1643年的日食，于是，崇祯帝终于决定采用西洋历法，但次年明朝便灭亡了。

清朝迅速采用了耶稣会士的历法，后来，保守派也曾卷土重来，到了康熙帝时代，终于在1668年采用了南怀仁的欧洲历法。现在安放在观象台上的仪器是由南怀仁于1674年主持制造的。

历法这项技术说到底本应是天主教用来传教的手段，然而清朝利用了传教士的技术却对天主教不以为意，于是传教士们后来也就只能作为技术人员继续供职于朝廷。史景迁在著作《改变中国》中生动地描写了这种进退维谷的情景。

多样的宗教

在北京这座国际化大城市里，佛教、道教、伊斯兰教、天主教等各种宗教建筑都能找到，其中一部分还兼有博物馆的功能，在接下来的部分我将汇总在一起向读者介绍。

礼拜寺（西城区牛街中路18号）

近年来，北京市内清真寺有所增加，这些清真寺的始祖便是这座建于辽代996年的礼拜寺。

紧挨着面向大街的大门，建有一座六角形木制楼阁，名为望月楼，使用的是传统木建筑技法，表现的却是伊斯兰风，样式十分独特。此外，还有据说能够容纳1000人的礼拜殿、宣礼楼、讲堂、沐浴室等建筑物，为了朝拜位于西方的麦加，都是坐东朝西。除礼拜殿外，其他建筑非伊斯兰教徒也可以参观。中式建筑风格的礼拜寺中，随处可见伊斯兰风格的拱形装饰、蔓藤花纹、彩绘玻璃。

图 11-9 伊斯兰风格的木质建筑——礼拜寺

在牛街附近,早晚礼拜时间前后,总能看到戴着白帽的伊斯兰教徒,还有清真超市和饭馆,只出售用清真食材做成的食品。中秋节时,我在这家超市买了清真月饼,也就是没有使用猪油的月饼,从外表来看和普通月饼没有什么区别,但是一点都不腻,非常好吃。

法源寺(西城区法源寺前街7号)

前文提到这座寺院源于悯忠寺(参见第一章),是唐太宗为悼念在远征高句丽中战死的将士而建,北宋钦宗(1125—1127年在位)被金俘获后也囚禁于此,是北京最古老的佛教寺院,收藏有许多东汉的陶制佛像、北齐和唐代的石像。藏品中,安史之乱主要人物史思明供奉的《无垢净光宝塔颂》石碑非常罕见。

白塔寺（妙庆寺）（西城区阜成门内大街 171 号）

因一座远远便能望见的藏式白塔，这座寺庙统称白塔寺。白塔寺始建于辽代，白塔由元代忽必烈至元八年（1271 年）从尼泊尔请来工匠阿尼哥建成，耗时八年，是中国现存最古老的藏传佛教佛塔。塔的基座高 9 米，塔身也高达 50.9 米。

大钟寺古钟博物馆（海淀区北三环西路甲 31 号）

地铁十三号线设置了大钟寺站，使参观这座寺庙变得很方便。大钟寺正式的名称是觉生寺，建于清雍正十二年（1734 年），宽阔僻静的寺院内数座建筑中收藏有宋、元、明、清时代的钟大小 40 余件，均为沿宽悬吊处开孔的中式钟。

往里走就是上圆下方的大钟楼，这个两层建筑里面安放着此处最为有名的永乐大钟，于明永乐年间铸造而成。大钟高 6.75 米，重达 46.5 吨，钟身铸满经文。买一枚旧版的两分钱硬币，爬上二层，若能把硬币投入俯视到的钟顶小孔中，据说会带来好运。这个动作看似简单却很少有人能做到，不过试一试也是一种乐趣。

五塔寺（北京石刻艺术博物馆）（海淀区西直门外五塔寺村 24 号）

五塔寺位于北京动物园北侧，印度式的五座宝塔形成了独特的风景线，这五座塔便是寺名的由来。寺院根据明永乐年间从印度来的僧人献给永乐帝的佛塔图建成,和西山碧云寺的宝塔相似,但是其中一部分又用石头仿建中式建筑,从文化融合的角度来看也很值得玩味。寺院内部作为博物馆使用,陈列有北京地区最古老的汉代石刻柱,唐代以后的墓志、帖等,收藏有诸多石刻爱好者们不可错过的藏品。

白云观(西城区西便门外滨河路)

白云观的地位相当于道教全真派的祖庭,入口处是一座漂亮的四柱七楼牌坊。在占地面积约为两万平方米的广阔地界上,大多数建筑分三路排列。道观初建于唐开元二十七年(739年),后成为深受元朝开国皇帝忽必烈信任的长春真人的居所,长春道人去世后改称白云观。主建筑物基本上是清代改建的。

南堂(宣武门天主教堂)(西城区前门西大街141号)

耶稣会士利玛窦于明末来到中国,是最早来到北京传播天主教的传教士,1610年在北京去世。利玛窦于明万历二十八年(1600年)建造了南堂,清代进行了改建,义和团运动时期受到破坏,1904年重建。由于清代建立了北堂(西什库教堂),与之相对的,此地便被称为南堂。

皇帝破例准许利玛窦安葬于北京,并赐予了安葬之地。他的墓地位于今天北京行政学院(西城区车公庄大街路南)

院内,墓呈圆丘形,墓碑上刻有十字架、罗马字和汉字,汉字为"耶稣会士利公之墓"。旁边并排的是南怀仁和汤若望的墓地,他们同样也是耶稣会士,以天文学知识供职于朝廷。

北堂(西什库天主教堂)(西城区西什库大街)

西什库教堂高达31.4米的钟楼和彩色玻璃十分引人注目,内部是天主教风格混合中式椽子和红漆柱的样式。原本这座教堂在中南海蚕池口,因离皇家禁地过近,光绪十二年(1885年)由清政府拨款搬到了现在的地点,是北京市内规模最大的天主教教堂。

不确定的未来——中华世纪坛

这章最后,我想介绍一处难以归类的纪念建筑,它便是紧邻军事博物馆西侧、位于中央电视台和军事博物馆之间的中华世纪坛。为纪念21世纪的到来,由北京市政府和北京市委主持建造了中华世纪坛。世纪坛的主体建筑中间,一根青铜指针指向天际,就像一个卫星信号接收器,长长的甬道起始于复兴路大街,同样也是青铜色,好像一把巨大的尺子,上面镌刻有中国历史的年表。在甬道遥远的尽头便是世纪坛主体建筑,呈向南倾斜的圆盘状,象征乾坤,即天地。主体建筑的回廊寓意"坤",即大地,安放有四十位中华文化史上的杰出人物雕像，人物包括古代的孔子、老子，到现代的画家齐白石、地质学家李四光等。内侧代表"乾"的部分装饰有代表中国的56个民族图案，缓缓地旋转着。这个部分类似于体育场，安装有座椅，可以坐在这里仰望天空，但头顶却是空荡荡的空间，只有中央一根青铜针向上指着天空。坛基部分是一座三层建筑，其中有展览设施，长达117米的《中华千秋颂》浮雕环绕四周，串联起中国悠久的历史。

这座建筑承载了中国人对1999年中华人民共和国成立五十周年和2000年申奥成功的巨大热情，然而它的存在让人或多或少感到困惑。

细细想来，世纪坛是中国改革开放后所建的唯一一座纪念性建筑，也可以说暗示着开放经济实际存在的困难。如果以市场经济为前提，那么其公共性定位则颇不清晰。世纪坛的青铜针指向天空，其目的却未必明朗。

若是如此，国家如何在改革开放的同时坚持以往的传统和历史？当然，这个问题绝非只存在于中国。

第十二章 曾居住在北京的名人
——城市的灵魂

鲁迅故居。住宅内侧有书房

老舍和他的母亲

毋庸多言，古都北京曾经有许多人在此居住过。本章将介绍几位曾住在北京的代表性人物。

说到纯正的北京人，第一个想到的就是作家老舍（1899—1966）。老舍原名舒庆春，满族人。父亲舒永寿是个旗人，属于正红旗，也就是清朝的正规军。不过，他只是一名紫禁城的护军，全部收入只有每月三两银子，再加上春秋两季领的陈米，一家人过着贫苦的生活。夏天佐饭的菜往往是腌黄瓜，冬天是腌白菜帮子，放点辣椒油。老舍是八个兄弟姐妹中最小的孩子。

他的生活和著作，与灰色城墙包围着的北京时代记忆紧密相连。1900年，老舍一岁半的时候，父亲在抵抗八国联军守卫正阳门的战斗中负伤阵亡。八国联军向正阳门发射了烧夷弹，炸掉了正阳门的箭楼，引起了大火，火星落在护军周围，引燃了父亲随身携带的黑色弹药。父亲烧伤严重，尽管设法爬到了南长街上的一座粮店，但还是未能得救，在经过漫长而又痛苦的折磨之后凄惨地离开了人世。不久，八国联军攻进北京城,大肆烧杀掠夺。洋兵也进了老舍家搜刮抢夺,老舍母亲索性不再关街门,因为知道街门再也关不住了,她们蹲在墙根里,等着一批又一批的洋兵上门掠夺。当时一岁半的老舍正在屋里两只装满旧衣服的箱子旁熟睡,一只大木箱偶然扣在了他身上,这才幸免于难(舒乙《我的父亲老舍》)。

八国联军由英国、美国、法国、荷兰、比利时、俄罗斯、德国、日本组成,其中也有日本。1900年,日本和英国结为同盟,因此日本作为远东宪兵也参与了这场掠夺。

失去丈夫后,母亲含辛茹苦地养育老舍。她靠替人洗衣裳维持生计,即使是黑如铁的臭袜子,母亲也能刷得白如雪,但臭味常常熏得她吃不下饭。老舍的母亲,让人想到那些鲜少被人提起的、言语不多、坚忍不拔的中国母亲们。

老舍就是在这种艰苦的平民家庭中长大的。因此,他擅长运用市民的语言描绘生活中的喜怒哀乐。他的早期代表作《骆驼祥子》描述了一个旧社会洋车夫的悲惨命运,祥子顽强而勤劳,却怎么也改善不了自己的生活,最后沉沦落魄。小说还巧妙地描绘了那段造成劳苦大众生活艰辛的灰暗历史。他在抗日战争时期写作的小说《四世同堂》中,描写了日本侵略下,北平沦陷区里一个四世同堂的和睦家族以及周边的邻居们所遭受的深重灾难。老舍把自己出生并长大的小杨家胡同设为故事发生的地点，使小说更加生动有力。

《四世同堂》里，四世同堂的老太爷家里囤足了够三个月的粮食与咸菜，用装满石块的破缸抵住大门，他确信，多大的乱子也超不过三个月！但是，这次他遭遇的是日军自七七事变之后长达八年之久的占领。在日军占领下，人们生活受到压迫，性格也发生了变化。有人主动巴结侵略者成为汉奸，有人逃离北京投身抵抗运动……小说生动地刻画出了北平沦陷区人们在物质上的穷困与精神上的颓废，让读者感同身受。

老舍先后前往英国任讲师，赴山东任教，再赴重庆参加抗战，战争结束后在王府井附近的灯市口购置了一套四合院，现在已改建为老舍纪念馆（东城区灯市口西街丰富胡同19号院）。这个雅致的小四合院对外展示着老舍的生活与创作，现保持故居原状陈列（北京四合院）。

此外，北京西城区前门西大街3号楼有家"老舍茶馆"，来源于老舍晚年的代表作——话剧《茶馆》，这是一个旅游景点，游客可以在这里欣赏到中国的传统曲艺（京剧精彩选段、相声、魔术、杂技、音乐等）。这与老舍在话剧《茶馆》中描绘的那家历经五十余年兴衰，映照出社会变迁、百姓悲欢、社会矛盾的茶馆截然不同。

老舍出生的胡同

比起故居,我更想探访老舍出生的家。于是,在一个初秋的夜晚,我去寻找位于老城区西北侧的小杨家胡同。中秋节快到了,街上开始有月饼卖了。热闹的新街口大街上卖着三元一串的羊肉串,香喷喷的,散发着胡椒的香气。这条街上已经有新栗子卖了。那是我那年第一次在市内见到炒栗子。

南北走向的新街口大街里,服装店和乐器店增多了,欧美青年和中国女性结成的情侣格外引人注目。这里的氛围和日本东京的御茶水一带颇为相似。大街的西侧即将迎来开发,高层公寓建筑已经开工,它的东侧就坐落着好不容易保留下来的古老胡同。一家乐器店放着节奏感很强的音乐,一旁的狭窄胡同深处,能看到灰墙,胡同敞着口,仿佛在招呼人们入内。百无头绪之中,我被这条散发出微弱生活气息的小胡同所吸引,走了进去。先往北转,再往东转,一路都是小胡同,然后门牌显示,已经到达小杨家胡同了。

这条胡同原名小羊圈胡同,据说古代这里养过羊。有块略微宽敞的空地,那便是老舍所说的胡同的"胸",还留有以前的槐树。这时,一个小男孩跑了出来,直盯着我看。从这块空地往北,路转弯后连着大杨家胡同,后面通往东侧护国寺。老舍出生在小杨家胡同8号,然而,我找到了9号和6号,

图 12-1 老舍出生的小杨家胡同　　老舍出生的家门口以及门前的槐树

就是没有8号。

一个路过的男子告诉我："你是在找老舍的家吗？8号在那儿呢。"原来就是小男孩跑出来的院子旁边那间有个小门的房子。门很小，是用砖砌的。这个地方真是再普通不过了。这里靠近热闹的繁华街区，却出人意料的宁静。在这片狭小的空间里，只有天空是广阔无垠的。也许正是这样的环境，才让人不断探索内心世界，由此产生了对广袤世界的深刻洞察吧。我思忖良久，脑中萦绕着老舍的作品，迟迟舍不得离开。

鲁迅故居

北京也是鲁迅成长为作家的城市。老舍从普通百姓的角度用些许幽默和悲伤描写人生悲欢,而鲁迅则由他乡来到北京城,笔调里总有些疏远感,蒙有一层忧郁的阴影。

从日本留学归来后,他曾一度回到故乡绍兴,辛亥革命之后的1912年前往北京出任中华民国临时政府教育部部员。辛亥革命未能取得彻底成功,北京城处在令人压抑的氛围之中。鲁迅一度潜心于考证金石文和墓碑,后在朋友建议下,写下了人生中第一部小说《狂人日记》(1918年),广受好评。他在这部作品中将旧社会比作人吃人的社会,切中了当时社会的症结。就这样,鲁迅走上了一边在大学任教,一边写作的道路。

他在1926年离开北京之前,换过多处住所。他那些以江南水乡为背景的早期作品,与他在北京胡同里度过的漂泊生活所带来的疏离感不无关系。待到生活终于稳定下来,他又因与周作人反目,不得已带着母亲搬到了他在北京的最后一处寓所,也就是位于今天阜成门内(西城区宫门口三条21号)的鲁迅故居。从位于阜成门内侧的阜成门地铁站往东,经阜成门内大街后往北,沿着槐树枝叶繁茂的大街往北走一小段,便可抵达。进门后,便会看到一栋按照鲁迅故乡——江南绍兴建筑风格设计的有着白色墙壁的二层建筑,里面按年份展示着鲁迅的作品、原稿以及相关史料。这里游客不多,很安静。

博物馆左边是鲁迅故居（见本章篇章页）。它是一套典型的北京四合院，四周围着墙，从东南角的入口进去，会看到四面都是建筑，大门朝里院敞开。东侧是展示室，南侧是书房。由于经常搬家，鲁迅想了个办法，把放书的箱子堆起来当书架。现在西侧的房子由管理员使用，正面朝南的房子是鲁迅与母亲以及原配夫人的起居室。右边房间是原配夫人的，左边是母亲的，正面里间是鲁迅的卧室兼书房。这间卧室兼书房是后来接出的，在四合院的北侧凸起一块，这就是鲁迅所说的"老虎尾巴"。

正面和西侧房屋之间有着鲁迅作品中出现过的枣树。工作人员告诉我，枣树现在仍然结果，枣子很好吃。那后面是厕所，令我有些不解的是，厕所没有屋顶，只是用墙壁围了起来。我喜欢在参观完景点之后，在景点入口旁的商店寻找图书。上海和绍兴也有鲁迅纪念馆，各具特色。

林则徐的近代，赛金花的近代

嘉庆十八年（1813年），鸦片战争的关键人物，钦差大臣、前两江总督林则徐携妻儿初次来到北京城。当时，他的身份是翰林院庶吉士，官位较低。后来逐步晋升，其间在北京住了七年。29岁时，他与妻子郑淑卿带着孩子们在北京生活的住所，便是蒲阳会馆，位于骡马市大街南侧的西城区贾家胡同31号（现35号）。

从本书第十一章中提到的湖广会馆（戏剧博物馆）附近的虎坊桥十字路口往东，走几步便是骡马市大街的果子巷公交站。从这里往南进入果子巷，街上食品、杂货的叫卖声此起彼伏，好不热闹，有时还会从旁边的胡同出来很多鸭子。往南走一阵，道路分成左右两边，左边（东侧）就是贾家胡同。南北延伸的贾家胡同有着住宅区的静谧氛围。右边（奇数在右）35号（原来是31号）便是蒲阳会馆的旧址。现在这里是私宅，并不对外公开，根据相关资料，该建筑保存状态较为完好。门旁边有块带雕刻的标石，显示着这是一栋古建筑。墙壁前面晾着洗好的衣物，四周静悄悄的。

林则徐禁烟的主张，受到了道光皇帝的关注。道光十八年（1838年），时年54岁的林则徐被委以禁烟要职，那已经是他到北京多年之后的事了。而他在北京生活过的痕迹，只有这最早的住处还有所保留。他主张抵抗欧美列强侵略以实现民族独立，抵抗要建立踏踏实实地研究敌人的基础上，而不是盲目地排外。想到这里曾住过这样一位了不起的中国近代化先驱，我不禁感慨万千。

回到刚才的十字路口，往南拐，在前门建国饭店旁边往东进入永安路。一边欣赏右边（南）友谊医院的高楼一边走，大概走五分多钟，向右转有一条大道。北侧是留学路，从那里开始注意左侧，继续往前走，下一条很容易错过的窄小胡同就是居仁里。在居仁里16号，清末名妓赛金花悄无声息地离开了人世。

民国二十五年（1936年）11月的一天，天还未亮，正在巡视的巡警就听到了微弱的哭声，前往这家盘问时，发现一个老妇人去世了，哭声是陪在一旁的另一个老妇人发出的。枕边有一盏为死者而点的灯火，家中别无他物，十分清贫。赛金花去世时64岁。她在晚年性格变得孤僻，不愿外出。少数几个旧识会偶尔来拜访，给她留一些钱。

得知死者是赛金花之后，平时爱看报纸社会版面的巡警给《立言报》打了电话，告知了这一消息。报社立刻更换头条内容，组《往昔名妓，赛金花去世》特辑，还在卖报的地方贴上了预告传单。那时中国有在路上叫卖报纸的习惯。据说，这一日的报纸销售额创下了中国报业史上最高纪录。一位了解赛金花过往的老记者为她买下一副13元的杉木粗制棺材。据说，棺材铺老板因赛金花曾为百姓行善有德，只收取了半价。

赛金花（1872—1936）出生于江苏省苏州市，15岁时为妓，不久遇到了洪钧，被纳为妾。洪钧是同治七年（1868年）

的状元。两人就像典型的通俗小说主人公,男为状元,女为名妓。洪钧被任命为俄国、德国、奥地利、荷兰四国全权公使,赛金花随其同去欧洲,在柏林等地住了四年。回国不久,洪钧便去世了,赛金花先后在上海、天津挂牌书寓,名扬天下。

在柏林时,乘坐马车,马受惊发狂,一位德国军官帮忙安抚,两人因此结缘。这个青年军官正是1900年带八国联军入京的司令瓦德西。那年,赛金花人在北京,会说德语,前往请求瓦德西让八国联军停止抢夺等暴行,在民众中获得了声望。此外,她又尽力劝慰被义和团杀死的德国公使克林德的夫人,从侧面协助李鸿章进行议和谈判。

就在她逐渐淡出人们视线时,曾朴以她为原型创作的小说《孽海花》引发人们热议,1933年,北京大学教授刘半农等人根据采访资料,编成书籍《赛金花本事》(1934年),再次引起世人关注。从九一八事变到"八一三"事变,日本侵略逐步升级,在此背

图12-2 赛金花去世时的居所(居仁里16号)

景下，赛金花的行为被赋予了新的意义，世人将她当成爱国行动的先驱。她在北京还留下了其他几处住所，但她离世的这一处贫苦的住所，与她那传奇人生形成了鲜明对比，尤其令人印象深刻。

从我1978年初次访华以来，就经常住前门的建国饭店，这家饭店正好位于林则徐和赛金花的故居之间。每次住在这里，我都会不禁思考这两位截然不同的历史人物以及中国多灾多难的近代史。

莫言的世界

处于不断变化中的现代大城市北京，最能代表它的人物是谁呢？我想到的人物是莫言（1955—）。莫言是一名现代作家。1998年，我在北京作家协会第一次见到他。那是在出版社拒绝再版他的作品《丰乳肥臀》（1995年）之后不久。比起文学上的批评，该书受到的批判更多是政治性的：书名庸俗，内容亵渎正统历史。

在作协露面的莫言是一位罕见的故事讲述者，他有着国字脸和卷发，气质粗犷。作协干部们不断为莫言辩护。而那些辩护与其说是文学性的，倒不如说是政治性的。莫言本人没有因此欣喜，而是默默地抽着烟，似乎有些怅然。

我曾就《红高粱》向他提问：

"有人把你的写作与加西亚·马尔克斯相提并论，我倒是觉得你的写作更具本土特色。您如何评价自己的写作方法呢？"

听完提问，莫言突然变得健谈。他的身形和容貌都很粗犷，但目光十分温柔，声音也很悦耳。

"我在《红高粱》开头部分写下'我的父亲是个土匪'时，就感觉已经成功了。因为中国人十分尊重父亲。而我却特意把他写成土匪。这样超越了人们现有的价值观，后面就能顺理成章地写作下去了。"

我不愿把莫言与加西亚·马尔克斯相提并论，将其归为"魔幻现实主义"。我认为，他的伟大并非因为与某位作家相似，而是在于他能够用轻松的、如民间故事般缺乏条理的、虚构的故事跨越中国农村的黑暗现实，这对默默思考着这个问题的我来说，这种解释更为合理。

刚才提起的《红高粱》里，女主人公与土匪情夫，也就是男主人公杀死了自己的丈夫并霸占了高粱酒坊，后来成为抗日游击队的领袖。小说中，男主人公在酒里撒了尿，最终却酿出了气味芳醇、味道甘甜的美酒。这是个天马行空的故事，没有遵循历史教材，而是按照自己的方式去解读历史。

莫言出生在山东省青岛市附近的高密市农村，他几乎所有作品都是以家乡为舞台。莫言父亲在新中国成立前是中农，在社会主义体制下生活困难，怀才不遇。"文化大革命"期间，莫言小学辍学，回家务农，后来在棉籽油工厂当临时工。1976年，他加入了人民解放军，从解放军艺术学院毕业后，成为一名军队总参谋部文化部所属的作家。

对于农村的贫困青年来说，参军是改变命运的唯一出路。

他身上有着中国农民的顽强，细细想来，老舍和鲁迅的幽默正是中国人对抗残酷现实的智慧。莫言作品的风格可以说与前人一脉相承，但他用无边无际的想象力创造出的异想天开的故事超越了前人，极具现代特色。

饱受争议的小说《丰乳肥臀》也将背景设在了莫言的故乡——山东省高密市东北乡，在贫困、无知与野蛮交织的严酷中，蒙上了一种神话世界般的色彩。小说里的讲述者，是七七事变之后一个瑞典传教士和一名中国女性所生下的金发混血儿，是一个有恋乳癖的奇特人物。

故事始于抗日战争，历经国共内战、新中国成立后的"大跃进"、毛泽东时代，直至改革开放后的繁荣，但故事描述的并非正统的历史。讲述者的八个姐姐嫁的丈夫背景迥异，有的是抗日游击队的领袖，有的是解放军士兵，有的是美国空军。她们命运多舛，有的成了鸟仙（神婆），有的被俄罗斯女人收养,有的甚至被卖身到妓院。故事中的人物,有的前一天是英雄,第二天就沦为罪人受枪决,但执行枪决的人,又马上被新的时代浪潮所吞噬。小说中不存在绝对的、首尾一贯的正义。历史不过是从普通民众的角度看到的不可思议的神话传说,再由人们口头传下来。虽然中国的批评者把这叫作"新历史主义",但内情可能超越了历史,或者说是对历史结构的超越。其结果便是,摆脱束缚后的解放感造就了作品的最大魅力。

主人公的姐姐们大多死于非命,她们的孩子都托付给了母亲,母亲用一种超然的态度抚养着这些政治立场各不相同的外孙们。在改革开放时代,这些孙辈们成为主角,她们依然传承着家族的特质,身份立场迥异,有女贼,有贪污的女市长,有大企业家,有可疑的创业家。小说以讲述者埋葬母亲为结局。从这一点上来说,这部小说又是一部描写一个很少提起自己的、刚强的中国母亲的作品。

实际上,莫言在母亲去世后开始写这部作品。据说,他花费了十年时间用来构思,只用了90天就完成了写作。小说共计50万字,翻译成日语后,全书分为上下两册,共850页,是一部惊人的鸿篇巨制。

农村的悖论

很多山东人到北京打工。以前在北京，有很多男人从井里抽水装到木桶里，再卖到各家各户，这些人必然来自山东。即使到了20世纪30年代，还有3000多个山东人从事着这个职业（竹内实《北京》）。总之，山东人是北京传统的一部分。莫言的幽默，可以说为现代农村带来了新风。

之后，以年轻批评家为主，支持《丰乳肥臀》的呼声日益高涨。2006年，莫言获得了第十七届日本福冈亚洲文化奖，在日本也变得颇为知名。得奖之后，他在市民论坛上说道，他创作的原点是"饥饿和孤独"，还说道："文化源于人民，源于农村。"但是，这里的农村并不是能够净化城市文化的美好存在，而是一个充满了粗野、暴力欲望的、有毒的地方。

回想起来，中国历史就是叛乱的农村将创新带给文化鼎盛的城市的过程，这一过程定期地、反复地进行着循环。看似正在蓬勃发展的现代北京，其某处已经在酝酿下一次反复转换。

那日，在北京作家协会的食堂与莫言一道吃完了晚饭，在墙上刻有鲁迅文章的协会入口处与莫言道别之后，莫言便只身一人，飘然遁入了北京的黑夜。

后 记

传说北京城又叫"八臂哪吒城",是按照哪吒的形状建造的,故以哪吒为守护神。正阳门是哪吒的头,德胜门和安定门是两条腿,内城其余六个门再加上东便门和西便门,便是哪吒的八条胳膊。这个传说之所以能流传至今,大概是由于无论城市如何变化,决定着这座城市文化的本地神灵未曾改变的缘故。

北京正在发生天翻地覆的变化,我最关心的便是城市里的人。因此,"社区"引起了我的关注。

最近,在北京市经常能看到以"社区"之名发布的告示。"社区"一词由社会学家费孝通先生从英语"community"翻译而来。2000年秋,中国政府决定在全国实施建设"城市社区"的政策,开始逐步推进地区重组。这个政策要在北京等城市进行试点,重新审视新中国成立以来由单位来管理生活的方方面面,向扎根于地区的社区委员会转移教育、福利等功能,

倡导提高公众素质的宣传画（来自东交民巷社区宣传部）

提高地区自治程度。

通过增强市民的力量来应对开放经济下社会的蜕变，这种方式能有效解决快速发展的城市化带来的各种问题吗？对于身处变化之中而依然散发着独特文化光辉的城市来说，这也许就是本地精灵的再生。

我还有许多内容想写，但已然没有篇幅了。书中为读者展现的我的见闻，得益于许多日本和中国朋友的帮助。其中难免有我个人的片面见解甚至误解，为不给朋友们造成麻烦，就不在此一一列举姓名了。

一天晚上，我和一位中国朋友在安定门外吃完饭后，步行前往地铁站，刚下完雨，一路泥泞，我们很小心翼翼地走着。周围很黑，只有一家新开的时尚美发店十分明亮。隔着玻璃可以看到，店里的大镜子前面，一个年轻男子正在理发。借着店里的灯光，满是泥泞的路上有两个男人正专心下象棋。朋友大声对我说："这也是北京城啊。"当时，我刚告诉了这位朋友我打算写关于北京的书。这位朋友话外之意是，既然写就不要只写光鲜的一面，要全面观察并写出来。对于朋友的这份鼓励，我永远不会忘记。

我还要感谢一位长期在北京工作的日本女性朋友，她时常和我聊起她在北京的日常生活。

写作本书时，我曾多次烦扰新书编辑部的平田贤一先生，感谢平田先生耐心等待书稿完成。

2008 年 3 月

春名彻

简略年表

公元前 1050 年前后	武王灭商建周。召公受封于燕（国都位于现北京房山区琉璃河遗迹），同一时期蓟国建立。
前 770 年	周朝迁都洛阳（史称东周），春秋时代开始。
前 403 年	进入战国时代。燕国成为战国七雄之一。
前 227 年	燕公子旦刺杀秦王（即后来的秦始皇）失败。燕国灭亡。
前 221 年	秦始皇统一天下，设三十六郡，燕国故地设广阳郡。
前 206 年	秦朝灭亡。
前 202 年	刘邦称帝，汉朝建立。
205 年	刘秀（光武帝）重建汉室（东汉），在燕国故地设幽州。
304–439 年	五胡十六国时期，晋朝势力衰落，北方游牧民族建立的国家兴亡更替。鲜卑族建立的前燕（307-370）以蓟城为都城。随后，称为燕的政权还有西燕（384-394）、后燕（384-407）、南燕（398-410）和汉族建立的北燕（409-436）等，这些政权的都城并不固定。

589 年	隋朝统一天下。
605 年	隋炀帝继位,为远征高句丽开通大运河。
618 年	唐朝建立。唐太宗继续远征高句丽,也以失败告终。 贞观十九年(645年),在幽州悯忠寺悼念高句丽远征中阵亡的将士。
916 年	契丹人耶律阿保机在今内蒙古东部的西拉木伦河一带统一部族建立政权,以辽为国号,仿照汉族政权设定年号"神策",登基称帝。
937 年	辽国以蓟城为陪都,称南京(燕京)。第二年,辽国帮助石敬瑭建立后晋,作为胜利果实将燕云十六州收入囊中。
1115 年	女真族从辽分离,建立了金国。
1125 年	金灭辽。
1153 年（贞元元年）	金国迁都燕京。
1270-1295 年	马可·波罗开启《东方见闻录》之行。
1279 年（至元十六年）	忽必烈灭宋,统一中国,定国号为元,建立元朝,定都大都。
1368 年（洪武元年）	朱元璋灭元,建立明朝,定都南京。在元大都的基础上重建城墙,命名为北平。
1421 年（永乐十九年）	永乐帝迁都北平,更名为北京。
1436 年（正统元年）	改建北京城,设角楼、箭楼等设施。

1553 年 （嘉靖三十二年）	从这一年起耗费十一年时间建设外城。
1644 年 （顺治元年）	清朝灭明，迁都北京。
1912 年 （民国元年）	辛亥革命推翻清朝，中华民国建立。根据清室优待条件，宣统帝溥仪继续居住在紫禁城中。
1924 年 （民国十三年）	11 月，废帝溥仪被驱逐出紫禁城。
1925 年 （民国十四年）	10 月 10 日，民国政府将紫禁城作为"故宫"向民众开放。同年孙中山客死北京。
1926 年 （民国十五年）	在内城开和平门。
1927 年 （民国十六年）	蒋介石发动政变，1928 年南京国民政府成立，北京改称北平。
1935 （民国二十四年）	12 月 9 日，北平学生掀起抗日救国运动；12 月 18 日，国民政府为对抗日本压力，在北平成立了冀察政务委员会，任命第二十九军军长宋哲元为委员长。
1937 年 （民国二十六年）	7 月 7 日，卢沟桥事变爆发，进入全面抗战时期。日军占领北平，冀察政务委员会解散。
1945 年 （民国三十四年）	8 月 15 日，日本战败。
1946 年 （民国三十五年）	解放战争开始。

1949年 （民国三十八年）	1月，人民解放军和平解放北京。10月1日，中华人民共和国成立，北平更名北京。
1959年	新中国成立十周年，建设人民大会堂、中国历史博物馆和中国革命博物馆（现国家博物馆）、民族文化宫、北京火车站等北京十大建筑。
1966年	"文化大革命"开始。
1971年	10月，中国恢复联合国合法席位。
1972年	2月，美国总统尼克松访华。9月，日本首相田中角荣访华，中日邦交正常化。
1976年	1月，周恩来去世。4月，人民英雄纪念碑下，为悼念周总理敬献的花圈、花篮被"四人帮"撤走，引发人民抗议并发生冲突。9月，毛泽东去世。10月，粉碎"四人帮"。
1978年	邓小平提出"四个现代化"的建设目标。
1988年	首届北京国际旅游年，外国游客超过100万人。
1989年	4月，胡耀邦去世。

图书在版编目（CIP）数据

这也是北京城啊 /（日）春名彻著；蒋芳婧译. —— 北京：新星出版社，2021.5
ISBN 978-7-5133-4408-1

Ⅰ.①这… Ⅱ.①春… ②蒋… Ⅲ.①名胜古迹-介绍-北京 ②景点-介绍-北京
Ⅳ.① K928.701

中国版本图书馆 CIP 数据核字（2021）第 045548 号

这也是北京城啊

[日]春名彻 著；蒋芳婧 译

选题策划：姜　淮
项目统筹：孙志鹏
责任编辑：白华昭
责任校对：刘　义
责任印制：李珊珊
装帧设计：冷暖儿 unclezoo

出版发行：新星出版社
出 版 人：马汝军
社　　址：北京市西城区车公庄大街丙3号楼　100044
网　　址：www.newstarpress.com
电　　话：010-88310888
传　　真：010-65270449
法律顾问：北京市岳成律师事务所

读者服务：010-88310811　service@newstarpress.com
邮购地址：北京市西城区车公庄大街丙3号楼　100044

印　　刷：北京天恒嘉业印刷有限公司
开　　本：889mm×1194mm　1/32
印　　张：8.375
字　　数：126 千字
版　　次：2021 年 5 月第一版　2021 年 5 月第一次印刷
书　　号：ISBN 978-7-5133-4408-1
定　　价：42.00 元

版权专有，侵权必究；如有质量问题，请与印刷厂联系调换。

PEKIN: TOSHI NO KIOKU

by Akira Haruna

© 2008 by Akira Haruna

Originally published in 2008 by Iwanami Shoten, Publishers, Tokyo.

This simplified Chinese edition published 2021

by New Star Press Co., Ltd., Beijing

by arrangement with Iwanami Shoten, Publishers, Tokyo

All rights reserved.

著作版权合同登记号：01−2019−5559